Über den Autor

Als Sohn eines Arztes 1944 in Österreich geboren, hat Yod Udo Kolitscher sich seit seiner Jugend mit vielen verschiedenen Naturheil- und medizinischen Methoden, später Therapie-Richtungen und spirituellen Traditionen beschäftigt. Er studierte in Wien und Innsbruck Medizin und Psychologie und graduierte zum Dr. psych. an der Washington University USA. Er gründete das Biotic Institute in Österreich, betrieb eigene Forschungen und entwickelte mit Technikern ein hoch sensitives, energokybernetisches Gerät zur Messung von Leitwertveränderungen. Im Forschungsinstitut für Kausalmedizin / Innsbruck führte er eine Versuchsreihe durch, bei der er die Auswirkungen von Gedankenvorgängen und emotionalen Mustern auf die Meridiane und damit auf die Organe nachwies.

40 Jahre Erfahrung als Therapeut und breit gestreute Ausbildungen ließen ihn neue und effektive Methoden entwickeln, die seine Arbeit einzigartig machen. Lebendigkeit, Authentizität und Kreativität zeichnen ihn aus. Seine Gabe ist es, komplizierte Vorgänge einfach und verständlich zu vermitteln. Er bringt die Dinge auf den Punkt und holt jeden dort ab, wo er gerade steht.

Sein Humor, seine Lebendigkeit und die Sicht auf die Dinge von einem höheren Standpunkt aus zu vermitteln und die praktische Umsetzung im täglichen Leben möglich zu machen, machen seine Seminare einzigartig.

Was er lehrt, lebt er auch.
Was? Das Leben natürlich.

YOD UDO KOLITSCHER

THE MASTER-KEY

für

Beziehungen

und andere

Abhängigkeiten

Herausgeber: Biotic Institute
Autor: Yod Udo Kolitscher
Umschlaggestaltung, Illustration: Asha Kolitscher
Lektorat, Korrektorat: Meera Monika Gomsi
Zeichnungen: Yod Udo Kolitscher

Verlag: myMorawa von Morawa Lesezirkel

ISBN:
978-3-99093-468-5 (Paperback)
978-3-99093-469-2 (Hardcover)
978-3-99093-470-8 (e-Book)
Printed in Austria

Inhalt

Vorwort

Wenn jeder Mensch sich selbst lieben könnte so wie er ist, mit all seinen Fehlern, seinen Unzulänglichkeiten, seiner Angst, seiner Wut und seinem Schmerz, wäre diese Erde ein Paradies. Aber das haben wir nicht gelernt, nicht von unseren Eltern, unseren Lehrern und nicht von den Religionen. Gelernt haben wir, dass wir für Andere Gutes tun müssen, uns aufopfern sollen, uns selbst an die letzte Stelle reihen, denn dann sind wir gute Menschen und werden in den Himmel kommen.

Die Frage ist, wie sich 2 Menschen lieben sollen, wenn keiner sich selbst liebt, ja gar nicht selbst lieben darf? Wie können zwei Menschen, die keine Liebe haben, Liebe geben?

Es gibt einen Ausweg aus diesem Dilemma. In diesem Buch werden Sie an die Möglichkeit herangeführt, wie eine Beziehung sein könnte, wenn zwei Menschen in der Lage wären, sich selbst – und zwar jeder von beiden – zu lieben, wie aus einer Geschäftsbeziehung - „ich gebe dir das und du liebst mich dafür" – eine Liebesbeziehung werden kann, in der der Andere ein Geschenk ist und nicht ein Gebrauchsgegenstand. Und das bezieht sich auf jede Art von Partnerschaft: im Büro mit dem Chef und den Kolleginnen und Kollegen, mit den Kindern und den Eltern, mit Freunden, Lehrern und Schülern. Das zu erfahren, ist das größte Geschenk, das du dir selbst machen kannst.

Dieses Buch entstand aus einer Niederschrift während des Seminars „Master-Key – der Schlüssel für Beziehungen". Selbstverständlich wurden bei Dialogen die Teilnehmer, die sich zu Wort gemeldet haben, nicht namentlich und auch keine persönlichen Informationen erwähnt.

MASTERKEY – DER SCHLÜSSEL FÜR BEZIEHUNGEN und andere Abhängigkeiten

1. Polarität und Einheit

Warum verlieben wir uns genau in diese Frau/diesen Mann?

Überall in der Natur gibt es die Polaritäten, hell – dunkel, plus – minus, Fruchtknoten – Bienen, ja selbst in Atomen, immer männlich – weiblich. Es sind diese beiden Kräfte in uns, das Männliche und das Weibliche. Und weil sie sich in uns befinden, ist es für jeden Menschen höchst attraktiv, Mann und Frau zu erfahren. Diese beiden Kräfte müssen in Balance sein, denn wenn sie das nicht sind, können wir aus der Illusion, in der wir uns befinden, nicht heraus. Sind wir imstande, diese Balance herzustellen, sie zu erfahren, sind wir auf dem Heimweg.

Die Grundlage dafür bildet das über die Jahrtausende in Vergessenheit geratene Wissen, dass jede Frau halb Mann und jeder Mann halb Frau ist. So einfach diese Aussage vielleicht erscheinen mag, sie enthält die Antwort auf so grundsätzliche Fragen wie:

- Warum verlieben wir uns genau in diesen bestimmten Mann/diese bestimmte Frau?
- Warum verschwindet die Verliebtheit genauso sicher wie sie gekommen ist?
- Weshalb verletzen uns schon nach kurzer Zeit die kleinsten Dinge an unserem Partner?

Es macht Sinn, darüber ein bisschen mehr zu erfahren, sodass wir wieder aus der Polarität in das Ganz-Sein kommen, uns sozusagen wieder dem Ganzen nähern können. Es ist für mich immer sehr spannend zu sehen, wie Menschen sich kennen lernen und was dabei passiert. Dieses unglaubliche Prinzip hat so viele Facetten und ich bin immer wieder fasziniert, wo diese Mann/Frau-Geschichte, wo diese Polarität, überall versteckt ist.

Ihr wisst ja, dass wir alle an einer Scheide, einem neuen Schritt stehen. Das Neue – jeder spürt das irgendwie – muss der Schritt aus der Polarität in die Ganzheit sein, das heißt, aus dem Spiel von Plus und Minus in die Einheit. Aber bevor wir diesen Schritt wirklich gehen können, müssen wir diese Polarität, das, wo wir drinstecken, auch verstehen. Denn nur, was man versteht, was man begriffen hat, kann man auch gehen lassen. Das ist das Aufwachen, das ist das, wo jeder instinktiv hin will.

Normalerweise lassen wir diese Dinge ja nicht an die Oberfläche kommen. Wir sagen: „Ich bin die Frau und da drüben ist ein Mann". Manchmal ist es auch umgekehrt, da verhält sich die Frau wie ein Mann und der Mann wie eine Frau. Es kommt aber immer nur darauf an, wie wir die Balance herstellen können.

Wir haben ein weltweites Problem und das liegt auf der weiblichen Seite. Vielleicht ein Satz vorweg: eine Beziehung kann nie nur auf der männlichen Seite funktionieren. Das ist nur auf beiden Seiten möglich. Aber da die weibliche Seite auf der Welt fehlt, sie nicht aktiv ist, kann es keine friedlichen Beziehungen geben. Das heißt übersetzt, wenn Gefühle, Offenheit und Verletzbarkeit in einer Beziehung – zwischen zwei Menschen oder zwischen Staaten – nicht da sind, gibt es kein friedliches Zusammenleben. Das sind zwei Ufer und wir verstehen gar nichts. Der Mann versteht nichts von der weiblichen Seite und die Frau versteht absolut nichts von der männlichen Seite. Außer wir lernen diese beiden Seiten in uns kennen. Wir lernen uns erkennen. Wir lernen die Seite kennen, in die wir körperlich geboren wurden und wir lernen auch die andere Seite kennen, die in uns verborgen ist. Hier findet die Vermählung statt, hier passiert die Einheit.

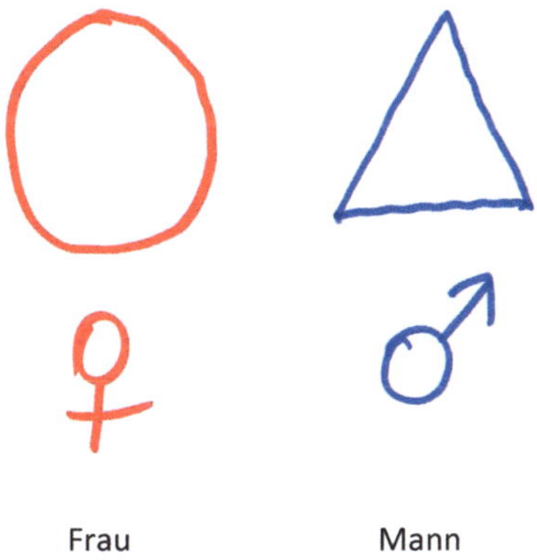

Die meisten Menschen glauben ja, die Einheit erlangt man, wenn man mit einem anderen zusammen kommt, der passt. Das ist der Trick 17. Das funktioniert überhaupt nicht. Ich kann nicht etwas, was innen getrennt ist, von außen sozusagen auffüllen oder vereinigen oder komplett machen. Das, was fehlt, ist der innere Teil. Den kann ich nicht von außen komplettieren, das geht nicht. Jede Ehe, jede Beziehung versucht das Unmögliche. Und die Verführung in einer Partnerschaft ist riesig. Das wirklich herauszufinden, während man verliebt ist, ist absurd, das geht nicht. Erst nach ein paar Jahren kommen wir drauf, dass dasselbe passiert ist wie mit dem letzten Partner. Außer wir begreifen etwas, lernen etwas verstehen.

Es ist einfach, wirklich einfach, aber nicht leicht. Leicht ist es nicht, denn du bist fest gefangen in einer Illusion. Die Illusion sagt: „Da drüben ist mein Glück“ und wir werden sagen: „Bitte ändere Dich, damit ich glücklich sein kann.“ Da drüben ist dein Glück – das ist absurd! Ich werde Euch die Romantik ein bisschen wegnehmen müssen, das wird nicht anders gehen. Am Anfang sind die großen Lieder, am Anfang ist das Theater, am Anfang sind die Gedichte, am Anfang sind die schönen Filme. Das sind alles wunderschöne Dinge, denen wir auf den Leim gehen. Nur, so funktioniert das Leben nicht. Seht euch in eurer Umgebung um, schau deine Eltern an, schau deine Nachbarn, deine Bekannten an, die Jahre zusammen sind. Du wirst bemerken, dass es nicht funktioniert. Vielleicht bleiben die einen zusammen, weil, na ja, halbes Haus, halbe Miete, usw. Und andere trennen sich und sagen: „Es war der falschen Partner“. Nein, es war nicht der falsche Partner. Du warst verkehrt, du hast einen Fehler gemacht! Aber bitte nicht ewig! Man kann einen Fehler ein paar Mal machen, aber nicht Jahrtausende lang, nicht Leben für Leben immer dasselbe.

Wir gehen aus einer Beziehung raus und werfen uns in die nächste. Das ist er oder das ist sie jetzt! Du brauchst nur eines: ein bisschen Geduld. Wenn dich ein Partner verlässt, bitte sei nicht böse, warte, warte ein paar Jahre. Dieselbe Sache in grün. Warte.

Es gibt nur eine einzige Möglichkeit und die ist Bewusstsein. Wenn eine Beziehung mit Bewusstsein geführt wird, dann wird durch diese Beziehung ein Potential eröffnet. Wird sie unbewusst, wird sie sozusagen in der Illusion geführt, wird sie dich umbringen. Es ist ein Chaos, es wird dich töten, es wird dich emotional und finanziell umbringen. Menschen sind für sich alleine wirklich schön, aber hör ihnen zu, wenn sie in einer Therapie-Sitzung sind. Jeder für sich alleine ist ein wirklich angenehmer Mensch, aber wenn sie beide in einem Raum sind, ist die Katastrophe perfekt! Es liegt nicht an den Menschen, es liegt an der Beziehung. Dort ist der Fehler. Wir glauben immer, wir müssen den Menschen austauschen, der Mensch ist verkehrt. Es ist nicht der Mensch, der verkehrt ist. Das Problem ist die Beziehung, dass wir uns auf jemanden da draußen beziehen. Du kannst die Probleme, die du mit dem Partner hast, nicht im Außen lösen. Du kannst sie nur in dir selber lösen. Und das Interessante ist: Stimmt es in uns, stimmt es im Außen. Stimmt es außen nicht, gibt es einen Rückschluss: Dann muss es in Dir nicht stimmen, sonst würde es im außen funktionieren. Das heißt, wenn diese beiden in uns in Balance sind, dann funktioniert die Beziehung im außen! 100%! Jede Garantie! Funktioniert sie außen nicht, dann sind wir innen nicht in Balance. So einfach ist das. Wenn er in Balance ist, dann wird sie lieb sein. Wenn sie in Balance ist, wird er ihr das geben können, annähernd das geben können, was sie braucht.

Bist du nicht in Balance, ist es ein Albtraum, ein Albtraum voller Erwartungen, ein Albtraum von Verletzungen, die alle auf ein Konto gehen. Und irgendwann einmal ist das Konto voll und dann ist die Liebe weg und die Menschen fragen sich, wo die Liebe plötzlich hingekommen ist. Sie verstehen das nicht, weil sie

doch diesen Menschen so geliebt haben. Aber wo ist die Liebe hingekommen? Ist das ein Zufallsprodukt?

Lasst uns das einmal untersuchen: Was hat es mit dieser Liebe auf sich, was hat es mit diesem Mann oder dieser Frau auf sich, was sind die Mechanismen und was können wir tun? Nirgendwo auf der Welt funktioniert das. Nirgendwo! Aber wir haben die Möglichkeit, wirklich viel zu tun. Auch wenn es manchmal so aussieht, als ob ein Paar den Schlüssel gefunden hat, weil sie schon jahrelang verheiratet und noch immer sehr, sehr lieb miteinander sind.

Sie bringt ihm den Kaffee und er tut dafür etwas für sie. Das war alles nett, sie hatten nie Streit, es gab nie ein böses Wort. Das kann man alles arrangieren. Aber das ist keine Beziehung, das ist eine Ges.m.b.H. Die beiden waren lieb miteinander, aber die Beziehung war tot. Sie hatten den Sarg schon dabei, hätten nur noch umfallen müssen. Das sind Geschäftspartner. In einer Geschäftsbeziehung kann man alles so machen, dass es funktioniert.

Aber Liebe, Offenheit, Beziehung, Verletzbarkeit – das war tot, nur gestritten haben sie nicht. Es gibt Ehepaare, die streiten nie, aber so ein Leben ist ein Albtraum! Sie fahren jedes Jahr nach Lignano in die Pension Berta. Jedes Jahr, seit fünfundzwanzig Jahren. Streit haben sie nicht. Sie brauchen nicht streiten, ob sie in die Berge fahren oder etwas Anderes machen, weil sowieso klar ist, dass sie nächstes Jahr wieder in die Pension Berta fahren.

Man kann sich arrangieren, aber das heißt nicht, dass es funktioniert. Es gibt viele Paare, die sind zusammen, aber wenn man sie kennen lernt, spürt man, dass da keine Beziehung ist. Sie lächeln immer freundlich, aber sie schlafen in getrennten Schlafzimmern. Sie wissen gar nichts voneinander, begegnen einander nicht. Sie schauen sich beim Frühstück nicht mehr an, das interessiert sie nicht. Sie müssen sich nicht mehr ansehen, denn jeder weiß ja schon, wie der andere tickt. Da ist es doch viel interessanter, die Zeitung zu lesen. Schließlich kennen sie sich ja schon 25 Jahre, wozu sollen sie sich da noch ansehen.

Man muss diese Themen nicht nur auf der mentalen, sondern vor allem auch auf der emotionalen Ebene lösen. Dafür mache ich Seminare, wo genau das passiert. Es findet auf einer unbewussten, energetischen Ebene statt, weil es das große Prinzip ist. Allein durch das Verständnis erwacht etwas in dir. Und das wollen wir auch erwachen lassen. Es ist es eine Möglichkeit, einmal damit in Kontakt zu kommen, eine tiefe Erfahrung zu machen, auch wenn man es am Anfang noch nicht ganz versteht. Nach und nach, wenn man sich dieses Thema nach Jahren wieder vornimmt, hat man ein ganz tiefes Verständnis dafür, was hier eigentlich versteckt ist. Es ist wie ein gutes Buch, das man fünfmal liest und beim fünften Mal denkt man sich: „Jetzt fange ich, glaube ich, langsam an zu begreifen. Das wird nie langweilig. Es ist so spannend."

2. In Balance innen und außen

Nur die Vermählung in dir macht dich ganz

Was haben wir davon, wenn wir uns diese Dinge jetzt anschauen? Was ist der Effekt davon?

Nummer eins ist, dass du in Balance kommst. Das ist die Hauptsache. Dass du, wenn du ein Mann bist, ein Mann wirst. Wenn du eine Frau bist, eine Frau wirst. Um das bewerkstelligen zu können, brauchen wir den anderen Teil. Es kann in keinem Mann alleine für sich ein Mann sein. Um ein Mann zu sein, brauchst du einen weiblichen Teil in dir, um eine Frau zu sein, brauchst du den männlichen Teil in dir. Erst wenn die in Balance sind, kannst du das, was du physisch bist, wirklich leben.

Das heißt, das dient dir selber und befriedigt dich auch. Denn wenn du eine Frau im physischen Körper bist, dann solltest du auch mental und emotional eine Frau sein. Wie gesagt, dazu brauchst du einen Mann. Den in dir, nicht den da draußen. Der da draußen ist sekundär. Das ist eine Draufgabe, ein Geschenk dazu. Aber wichtiger ist, dass die beiden in dir in Balance sind. Das hat dann viele, viele Effekte. Wenn Mann und Frau in dir in Balance sind, wirst du Dinge viel leichter abholen können.

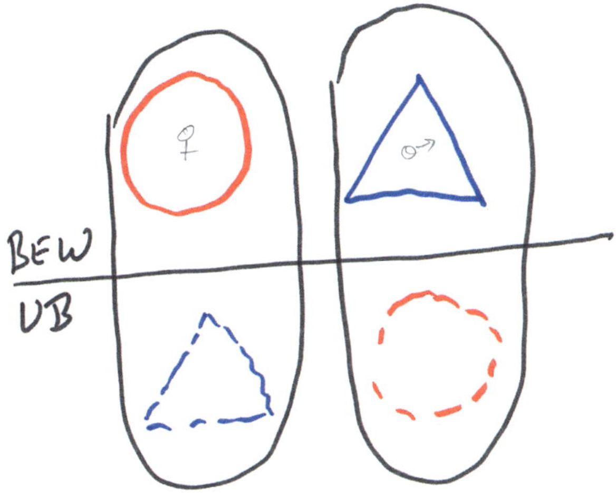

Frau und Mann sind in sich in Balance.

Dieser Mann in dir und diese Frau in dir müssen ausgeglichen sein, dann kannst du deine Konzepte, deine Muster, nach denen du lebst, auflösen. Und das ist ja auch der Sinn. Wir sind in dieses Leben hineingeboren worden, wir haben die Verhaltensweisen unserer Eltern gelernt, wir haben ein Programm bekommen und dieses Programm ist immer negativ. Du hast natürlich auch gute Dinge von deinen Eltern übernommen, aber im Grunde ist es etwas Negatives. Und man müsste sich fragen: warum negativ?

Du bist hier, um die Schönheit zu fühlen. Du bist hier, grundsätzlich einmal, damit du fühlen kannst. Du kommst hierher, damit du fühlen kannst, wie großartig du bist, wie schön diese Welt hier ist, wie unglaublich das Göttliche ist, in dem wir eingebettet sind, was wir letztlich sind. Dazu braucht es aber einen Gegenpol. Um das Schöne fühlen zu können, musst du den Schmerz fühlen können, musst du das Negative fühlen können. Du musst, um Gesundheit zu erkennen, krank sein. Ohne Krankheit, keine Gesundheit, keine Wahrnehmung von gesund sein. Das heißt, du musst in eine Polarität gehen, damit du erfahren kannst, wer du bist, denn im Sein gibt es die ja nicht. Im Seins-Zustand ist alles eins, da ist alles okay, alles perfekt. Da gibt es keine Wahrnehmung. Du kannst nicht sehen, wer du bist. Du bist einfach alles. Und wenn jemand – wenn etwas – alles ist, dann gibt es keinen Standpunkt. Da gibt es nur alles. Das ist der Standpunkt.

Im Seins-Zustand bist du Liebe und Frieden.

Das heißt, es gibt nichts außerhalb von diesem Ganzen, denn erst dann könntest du es sehen. Also ist dir ein Trick passiert. Wir haben uns zu etwas Kleinerem verdichtet, zu einem eingeschränkten, kleineren Bewusstsein. Und hier, in diesem eingeschränkten, kleinen Bewusstsein, ist es dir möglich, Polarität kennen zu lernen. Das heißt, du hast einen Standpunkt und du kannst fühlen. Aber jetzt kommt ein Problem dazu, denn das da draußen ist absolut plus. Ist auch Blödsinn, weil wir dann ein Minus brauchen würden. Das da draußen ist komplett. Da ist absoluter Friede. Draußen ist absolute Liebe. Da ist absolutes Eins-Sein, Fülle. All das sind Qualitäten von diesem Sein. Wenn du dieses Sein sozusagen verloren hast, dann wirst du – und das hast du gewählt – etwas Negatives fühlen können, damit du eine Unterscheidung hast, damit du das Positive fühlen kannst. Das ist der Sinn dieses ganzen Theaters hier. Ja, du bist nur aus einem einzigen Grund hier und der Grund ist, dass es dir gut geht. Der Grund von diesem Hier-Sein ist, dass du Fülle erlebst, dass du Frieden erlebst, dass du Liebe fühlen kannst. Aber um Liebe fühlen zu können, musst du den Schmerz fühlen können, musst du Angst fühlen können, musst du das Gegenstück dazu fühlen können, denn sonst hast du ja keinen Kontrast. Du brauchst einen Kontrast, du brauchst zwei Dinge, zwei getrennte Dinge.

Du nimmst einen Standpunkt ein. Du erkennst Dunkelheit und dann weißt du auch, was Licht ist. Dann kannst du abschätzen, dann kannst du fühlen, dass sich das eine besser anfühlt als das andere. Dann kannst du vergleichen und das ist notwendig. Um fühlen zu können, müssen wir vergleichen können, müssen wir einen Kontrast haben.

Das bedeutet, dass du auch Negatives in dir hast und dieses Negative, das du gewählt hast, damit du das Schöne fühlen kannst, dieses Negative, steht dir im Weg. Das musst du zwar haben, damit das Spiel passieren kann, aber es wird dir im Weg stehen. Es braucht zwei Kräfte: das Männliche und das Weibliche. Diese zwei Kräfte können das Negative auflösen. Die sind dazu in der Lage. Die Angst auszuhalten, damit zu sein, bringt dich in die Lage, das, was du als negativ gewählt hast, auch abzuholen. Dann löst sich das Negative auf. Du hast diese Erfahrung gemacht und die einzige Erfahrung, die gemacht werden muss, warum du eigentlich hier bist, ist, das Positive, das Schöne, die Liebe zu erfahren. Das zu erfahren, was du bist. Das ist der Sinn.

Ich möchte jetzt das Wort „abholen“ noch etwas erklären.
Abholen ist nichts Anderes, als das, was du dir ausgesucht hast oder das, was in deinem Leben ist – das ist auch das, was du dir ausgesucht hast – zu fühlen, also damit zu sein. Zum Beispiel: Jemand beleidigt dich und Mann und Frau in dir sind ausgeglichen. Das heißt, du bist in der Lage, diese Beleidigung total zu fühlen und du bist in der Lage, die Verantwortung dafür zu übernehmen. Du sagst: „Okay, es ist in meinem Körper, daher muss es irgendetwas mit mir zu tun haben“. Und es hat mit dir zu tun, weil du das ausgewählt hast. Das ist das, was du einmal beschlossen hast, dass du das erleben und fühlen willst. Sonst würde es hier nicht passieren.

Das war jetzt ein harmloses Beispiel, aber die Wahrheit ist, dass du alles verantworten musst, was in deinem Leben passiert. Wenn dein Kind stirbt, hast du die Verantwortung. Und zwar nicht dafür, dass das Kind stirbt, aber du hast die Verantwortung für den Schmerz in dir, der dann entsteht. Das ist deine Geschichte. Und wenn Mann und Frau in dir in Balance sind, dann bist du in der Lage zu sagen: „Ja, okay. Das ist jetzt in meinem Leben und dazu stehe ich. Ich laufe jetzt nicht davon“. Und der weibliche Teil ist der, der dann sagt: „Ich bin bereit, das zu fühlen“. Wenn du das in der

Lage bist, kannst du jedes Konzept, was auch immer es ist, abholen und damit auflösen.

Aber nicht nur du hast dir das ausgesucht, sondern auch das Kind, das gestorben ist, hat das so für sein Leben gewählt. Das ist schwer zu begreifen. Du wirst es auch nicht immer begreifen.

Aber Tatsache ist, dass alles, was in deinem Leben passiert, nicht mit etwas außerhalb von dir zu tun hat, nicht mit einem Gott, nicht mit irgendjemandem oder mit irgendetwas außerhalb von dir. Wenn das so wäre, könntest du nie aufwachen. Das wäre nicht möglich! Wenn ein Kind stirbt, ist der Schmerz riesig und dann hadert man natürlich mit Gott und der Welt und fragt sich: „Warum denn er und warum nicht ich? Warum muss das so sein? Warum muss dieser Idiot meinem Sohn besoffen entgegen kommen und ihn nieder fahren?“ Jetzt haben wir natürlich da draußen einen Schuldigen. Darum geht es aber nicht! Auf der ganzen Welt passiert das so! Schau mal hin, schau in die Zeitungen. Wir können erst ruhen, wenn der Schuldige gefunden ist, wenn das gesühnt ist. Das machen wir schon seit Jahrtausenden so! Ein Volk gegen das andere. Ihr habt uns damals... die Großväter, die kennst du ja gar nicht. Da ist Hass, Rache und Vergeltung. Man kann erst ruhen, wenn der andere auch leidet. Das hat kein Ende. Das hat mit Aufarbeiten und mit Heimkommen nichts zu tun, gar nichts. Einen heiligen Krieg gibt es nicht. Es gibt nur Frieden und Liebe oder Krieg.

Aufwachen heißt, aufzuwachen zu deiner Größe, zu dem, was du bist. Und du bist göttlich. Du hast es nur vergessen. Du musstest das vergessen, denn sonst kannst du es nicht fühlen, weil du keinen Gegenpol hast. Du bist hier, um die Liebe zu erfahren, die du bist.

Gleich zu Anfang ist das ein ziemlich großes Ding. Du bist hier, um die Liebe zu erfahren, die du bist. Da ist dieses große Ding da draußen und du wählst jetzt aus einem großen Menü mit allen Möglichkeiten. Das sind gar nicht so viele Dinge. Es gibt nur ein paar von den Hauptgerichten dieses Menüs. Wenn du jetzt zum Beispiel "verlassen werden" wählst, dann kann dieser Schmerz dir sehr bewusst machen, wie es ist, wenn jemand da ist, wenn du verbunden bist mit dem anderen. Das heißt, da gibt es einen Kontrast zur Liebe.

Ein anderer Mensch wählt zum Beispiel Unzulänglichkeit oder Wertlosigkeit. Diese Wertlosigkeit gibt ihm dann einen Kontrast zur Liebe. Denn Liebe ist Wert. So geliebt, so unterstützt zu werden, ist so unglaublich wertvoll. Und auf der anderen Seite ist die Wertlosigkeit. Du wirst natürlich von dieser Wertlosigkeit nicht sehr begeistert sein, du wirst hadern damit. Mein Gott, warum hat Gott mich da... und warum haben mich meine Eltern... und warum bin ich so aufgewachsen... und und und. Hör mal, das ist das, was du gewählt hast. Und dass jetzt in deinem Alleinsein Dinge passieren, das hast du vielleicht gewählt, vielleicht auch nicht. Aber was du gewählt hast ist, dass du erfahren willst, was Alleinsein ist, damit du erfahren kannst, was Liebe ist. Das ist der Sinn.

Was üblicherweise jetzt in der Welt passiert ist, dass ein Mensch sein Alleinsein nicht aushält. Er sagt: „Das ist ja furchtbar. Jetzt ist der schon wieder weg... und ich bin schon wieder alleine... und der hat mich alleine gelassen... und der lässt mich im Regen stehen“ und er hadert ganz furchtbar damit. Dadurch verstärkt er dieses Muster. Denn nur ein ausgebildeter Mann und eine ausgebildete Frau in dir erwacht zu einer Gleichheit in dir. Die sind in der Lage, so ein Muster wie das der Wertlosigkeit abzuholen. Wenn du es fühlst und dazu stehst, dann kann es nicht weiter existieren. Das ist unmöglich. Es wird sich im nächsten Moment auflösen. Was sich nicht auflösen kann ist, wenn du denkst, du bist das Opfer von irgendetwas, wenn du damit haderst, dass du wieder allein gelassen wurdest und dich ungeliebt fühlst. Du zeigst mit dem Finger auf irgendjemanden und das hält das Ganze nur auf.

Also, der wichtige Punkt, der ganz wichtige Punkt ist, dass du in Balance kommst in dir und damit die negativen Dinge, die du gewählt hast, das, was du dir ausgesucht hast in deinem Leben, abholen und damit auflösen kannst. Dass du – Nummer zwei – das sein kannst, was du bist, nämlich ein Mann oder eine Frau und zwar voll. Dann kannst du genug mit dem anderen teilen.

Wenn du innen in Balance bist,
bist du auch außen in Balance

Und das Dritte ist, dass das, was du da erfährst, klarerweise große Auswirkungen auf deine Beziehung hat. Wenn du innen in Balance bist, bist du außen in Balance. Das ist so. Immer. Bist du außen nicht in Balance, bist du innen nicht in Balance. Immer. Das heißt, du kannst das nie beim anderen suchen. Nie, nie und nimmer. Das macht keinen Sinn. Wenn du dem anderen vorwirfst, dass er dich am Abend nicht ein bisschen berührt und schon lange nicht mehr gesagt hat, dass er dich liebt, glaubst du, der andere wird dann "Ich liebe dich" zu dir sagen oder glaubst du, der andere wird dann – wenn er es sagt – ehrlich sein damit? Dieses "Ich liebe dich" kannst du dir abschminken. Das sagt er nur, weil du es hören möchtest. Da wird nichts, gar nichts passieren. Da werden nur Probleme auftauchen.

So, das heißt, dass das, was in dir in Balance ist – und das ist der Hauptpunkt – sich in der Partnerschaft auswirken wird. Fang immer bei dir an und nie in der Partnerschaft. An einer Beziehung zu arbeiten ist der größte Blödsinn, den du je machen kannst. Man kann an einer Beziehung nicht arbeiten. An einer Beziehung arbeiten heißt, ich arbeite sozusagen daran, dass wir uns verstehen und dass du keine Ängste bei mir auslöst. Bitte, benimm dich so und so und so. Und wir versuchen, den anderen zu ändern. Vergiss es!

An einer Beziehung brauchst du nicht zu arbeiten, du brauchst nur an dir selber zu arbeiten, das heißt, dir bewusst zu werden, was in dir abgeht, jetzt gerade. Wo ist mein Mann? Wo ist meine Frau? Wie entwickelt sind die? Wie sind die in Wirklichkeit? Denn du hast ja keine Ahnung von deinem inneren Mann oder deiner inneren Frau. Keine Ahnung!

Bis vor gar nicht so langer Zeit war das vergessen, über Tausende von Jahren. In alten Schriften steht diese Weisheit und wenn man das dann liest, denkt man: ja, eh klar. Es ist unglaublich, was da drin steht. Nämlich dass in jedem Mann 50% Frau und in jeder Frau 50% Mann ist. Das würde bedeuten, dass 50:50 in dir vorhanden ist. Ja, 100%. Nur, warum hast du jetzt mehr weibliche, als männliche Eigenschaften? Das liegt daran, dass dir das eine mehr im Bewusstsein ist, als das andere. Sind beide im Bewusstsein, dann wirst du das sein können, du wirst beides verfügbar haben und du wirst das sein können, was dein Körper dir sagt. Nämlich, dass du eine Frau bist oder dass du ein Mann bist. Aber du wirst in Balance sein. Du wirst ein Wesen sein, das in Balance ist und nicht nur auf einer Seite.

Um das ein bisschen besser zu verstehen, können wir uns folgendes bewusst machen: Die Ganzheit hat sich "geteilt", die Liebe hat sich in zwei Kräfte "geteilt", in eine weibliche und in eine männliche Kraft. Tatsache ist – ganz wichtig – dass das eigentlich nicht geht. Man kann das Ganze nicht teilen. Nie und nimmer. Entweder sind Dinge ganz oder sie sind es eben nicht. Ich kann die Ganzheit nicht teilen, aber ich kann eines tun, damit wir glauben, dass etwas geteilt oder getrennt ist: Ich kann mein Bewusstsein limitieren.

Und tatsächlich, was da stattfindet ist, dass dieses große Bewusstsein limitiert wird auf ein Teilbewusstsein, auf ein kleines Bewusstsein. Der Mann ist sich jetzt nur des männlichen Teils bewusst, der weibliche Teil bleibt im Unterbewusstsein. Die Frau hat den männlichen Teil auch in ihrem Unterbewusstsein. Nichts desto trotz werden die beiden, da sie ja von diesem Unterbewusstsein nichts wissen, sich anziehen.

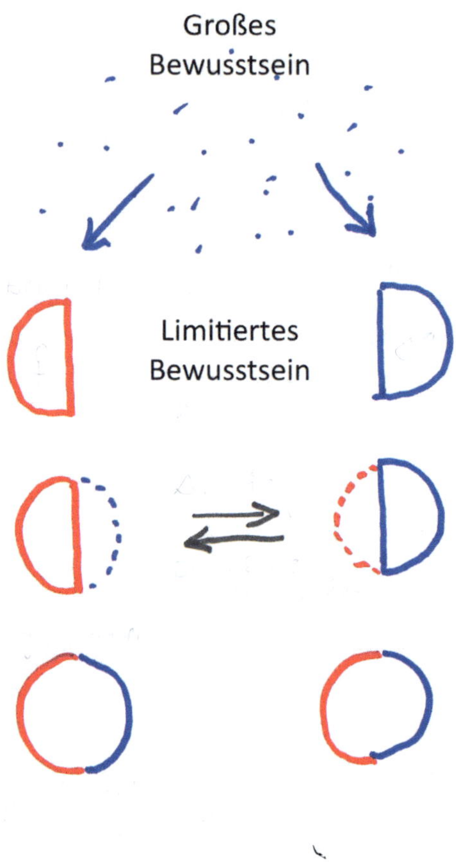

Das Bewusstsein wird limitiert,
damit wir glauben, dass wir getrennt sind.

Wir haben zwei Dinge vergessen: Wir haben vergessen, dass wir ganz sind und wir haben vergessen, dass wir uns beschränkt haben. Du weißt nichts mehr davon. Du weißt nicht, was da passiert ist und du weißt nicht mehr, dass du eigentlich ganz bist, dass das hier nur eine Illusion ist. Diese beiden sind nicht in Balance und daher wird es eine Riesen-Anziehung geben. Warum? Weil dieser Mann natürlich jetzt glaubt, dass der Teil, den er in sich nicht finden kann, klarerweise wo ist? Da drüben! Nett, toll, gefällt mir. Dort sieht er ihn. Jetzt sieht er diesen weiblichen Teil drüben und den wird er natürlich anziehend finden. Natürlich. Alles will ganz sein. Das ist doch logisch. Man will nicht getrennt sein, man will nicht nur eine halbe Geschichte sein. Das Ganze setzt sich immer durch. Also wirst du ganz sein wollen, stimmt's?

Was wirst du also machen? Wenn wir zwei uns zusammen tun, dann sind wir ganz. Zwei Liebende wollen doch nur eins: Sie wollen sich so nah wie möglich sein und am liebsten in den anderen hineinschlüpfen. Wir sind eins! Das ist das, was beide wollen. Es ist offensichtlich, dass der andere da drüben ist. Du hast aber dieses unglaubliche Gefühl und sagst: „Ich brauche dich. Du bist mein Alles und du fühlst dich so gut an!"

Ich werde dir gleich erklären, warum du dich so gut fühlst. Du fühlst dich so gut, dass du glauben musst, dass der Teil, der dich glücklich macht, da drüben ist. Mein erster Lehrer hat mir das immer wieder gesagt. Er war Astrologe und ich war damals so 13/14 Jahre alt und bin sehr oft bei ihm gewesen. Er war ein alter Mann und er hat mir, als die Hormone gekommen sind, gesagt, dass ich meine Dualseele finden muss. Wie ich ihn damals verstanden habe, schwirrt diese Dualseele irgendwo im Raum herum. Ja, irgendwo gibt es diese Dualseele. Und ich habe mich auf den Weg gemacht und so mit 16 hatte ich dann auch schon meine Dualseele gefunden. Die Anzeichen dafür sind offensichtlich. Man kriegt Schweißausbrüche, man redet Blödsinn, man wirft sich in Position, was man halt so macht. Es wird einem heiß, es wird einem kalt, man ist aufgeregt, man kann nicht mehr klar denken, man kann das Buch nicht mehr lesen, in dem man gerade liest. Es kommen eine Menge Anzeichen auf einen zu, was bedeutet, dass da drüben etwas total

Interessantes ist und die ganze Aufmerksamkeit geht da hinüber. Und jeder Mensch, der so jemanden findet, hat das Gefühl, dass es das ist, was er will, das es das ist, was er braucht.

Und wenn man mit dem anderen zusammen ist, dann fühlt man sich total gut, stimmt's? Aber sehr gut! Ich habe mich auch sehr gut gefühlt. Und so sind wir halt dann „miteinander gegangen“.

Doch so im Laufe der Jahre habe ich mir dann gedacht: „Ich weiß nicht, ob das meine Dualseele sein kann. Ja, unter einer Dualseele stellt man sich doch vor, dass man sich total ergänzt. Unter Dualseele stellt man sich doch vor, dass der andere weiß, was ich will. Er müsste das doch die ganze Zeit erahnen. Das wünschen wir uns doch!“ Und nach und nach bin ich zu dem Schluss gekommen, dass das nicht meine Dualseele ist. Und natürlich bin ich in diesem Wahnsinn geblieben, in diesem Glauben, dass die noch irgendwo herumlaufen muss.

Meine Dualseele muss es doch geben und zwar da draußen, außerhalb von mir. Also muss ich mich auf den Weg machen. Das war ein Irrtum. Und nachdem ich mich auf den Weg gemacht hatte, hat es nicht lange gedauert, bis ich meine "echte" Dualseele gefunden hatte. Auf diese Art und Weise hat es ein paar Dualseelen in meinem Leben gegeben, und ich bin dann später mehr und mehr zu dem Schluss gekommen, dass da irgendwas nicht stimmt.

Entweder hat der alte Mann mich angelogen, hat Blödsinn geredet oder ich habe ihn nicht richtig verstanden. Das ist bis heute offen geblieben. Tatsache ist, dass ich zu dem Schluss gekommen bin, dass es da draußen nicht ist!

Ich habe das dann bei Schauspielern, bei Leuten, die in der Öffentlichkeit stehen, bei meinen Bekannten, bei meinen Freunden und bei meinen Nachbarn verfolgt. Ich habe überall das Gleiche gesehen: Das fängt irre gut an und hört ziemlich frustrierend auf. Wie kann das sein? Wie kann man sich so irren? Wie kann sich jeder Mensch so irren, wenn man vor dem Altar steht und sich gegenseitig den Ring ansteckt und sich sagt: „Ich bin auf ewig dein, wir gehen durch dick und dünn.“ Wenn dann jemand fragte, ob wir einen Ehevertrag haben, denn das wäre schon gescheit, dann waren wir überzeugt, dass wir das nicht brauchen. Wir doch nicht, wir lieben uns! Sag, was glaubst du? Ich werde dich niemals betrügen, niemals. Du bist mein Ein und Alles, alles was ich habe. Ich werde dich immer lieben. Da gibt es all die großen Sprüche. Nicht, dass das gelogen ist. Das fühlen wir in diesem Moment. Wir werden gleich herausfinden, warum wir das so fühlen.

Und warum stellt sich das später als Irrtum heraus? Und das ist ein Irrtum. Der Irrtum liegt schon darin, dass du glaubst, wenn du dich mit dem anderen zusammen tust, dann wird es eine Ganzheit geben. Das ergibt aber keine Ganzheit, weil deine Ganzheit in dir ist. Diese Frau, dieser Mann ist in dir. Nur die beiden ergeben ein Ganzes, denn du bist ja das Ganze. Du hast nur den anderen Teil vergessen. Die Beziehung ist echt, die bringt dich in deine Gefühle. Aber damit du fühlen kannst, muss das getrennt werden, was aber nicht geht, sondern es ist nur scheinbar getrennt. Du bist nur scheinbar getrennt. Du bist in Wirklichkeit ganz und der andere ist es auch, aber ihr habt es vergessen. Aus diesem Vergessen und aus diesem Mangelbewusstsein heraus tut ihr euch zusammen. Und jetzt haben wir schon ein Problem. Es ist anstrengend, wenn man jemanden braucht, der außerhalb von einem ist, oder? Wenn der Typ jetzt einfach so gescheit, also ein richtiger Intelligenzbolzen ist, dann musst du natürlich alles Mögliche tun, damit dein Intelligenzbolzen auch bei dir bleibt. Das heißt, du wirst hier Abhängigkeit kennen lernen, du wirst abhängig sein. Ein Riesenproblem in einer Beziehung. Du wirst Angst spüren, die Angst, was ist, wenn er wieder geht. Wir sind doch eins – glauben wir – aber wenn der wieder geht, dann stehe ich wieder so da wie vorher und das ist kein guter Zustand. Und die Angst, dass das passiert, ist riesig.

Daher machst du Kompromisse. Du sagst zum Beispiel Dinge, die du eigentlich gar nicht fühlst. Also, das heißt, dass du ins Kino gehst und dir einen Film anschaust, obwohl du das eigentlich überhaupt nicht möchtest. Du machst einen Kompromiss um der Liebe willen, weil du Angst hast, ihn zu verlieren, weil du abhängig bist vom anderen. Deswegen machst du das.

Da gehören auch die Erwartungen dazu, die du hast. Na klar, du erwartest, dass der andere dich ergänzt. Der andere kann dich gar nicht ergänzen. Der hat keine Ahnung, wie du tickst. Da kannst du noch so viele Bücher lesen. Du kannst es nicht wissen und du kannst diese Erwartungen nicht erfüllen.

Zum Beispiel: Du bist eine Frau und willst diesen Mann jetzt küssen. Du denkst, dass der das doch jetzt spüren müsste, dass du ihn küssen willst. Doch der checkt das nicht. Dann bist du mitunter beleidigt, weil der andere das einfach nicht mitkriegt. Und dann fragt der andere: „Hast du irgendwas?“ Und du antwortest: „Nein, natürlich nicht.“ Doch der spürt genau, dass etwas nicht stimmt. Das gibt Missverständnisse ohne Ende, Kampf, Streit und Projektionen laufen ununterbrochen. Erwartungen sind so ziemlich das Schlimmste, was man in einer Beziehung haben kann. Erwartungen in einer Beziehung bringen eine Beziehung mit Sicherheit um.

Es ist also nicht so, dass man einfach hier geboren wird, dann geht man eine Beziehung ein und es ist das Natürlichste der Welt, dass das klappt. Ja, am Anfang hast du dieses Gefühl, aber später nicht mehr. Und wenn ihr mir nicht glaubt, schaut euch einfach einmal ein bisschen um. Schau deine eigene Beziehung an, schau deine vorherige Beziehung an, schau dir dein Leben an.

Diese Abhängigkeit, diese Angst spürt man natürlich nicht gleich. Ganz am Anfang ist ja alles eins, da ist ja alles super. Aber wenn er das erste Mal eine halbe Stunde am Klo sitzt und Zeitung liest, wo das doch sonst immer nur 2 Minuten gedauert hat, weil er doch gleich wieder bei dir sein wollte, dann kommen bei dir die Bedenken. Denn vor einer Woche hätte der noch nicht eine halbe Stunde mit einer Zeitung am Häuschen verbracht. Aber jetzt, nach einer Woche, kommt er einfach nicht heraus. Der liest da drinnen Zeitung, obwohl ich, sein Traum, im Bett liege. Und du kommst auf die Idee, dass eventuell irgendetwas nachgelassen hat, dass jetzt irgendetwas anders ist. Dann taucht die erste Angst auf. Dann tauchen die ersten Schocks auf und da zeigen sich schon die ersten Abhängigkeiten: Ich brauche mehr und der liebt mich nicht und und und.

Und dann kommt er raus aus dem Klo und das erste was er hört ist: „Hast du mich lieb?“ „Natürlich Schatz.“ Da kommt es ja auch noch überzeugend. Irgendwann später sitzt du da und fragst: „Magst du mich immer noch? Hast du mich lieb?“ „Ja natürlich.“ Aber da klingt das schon ein bisschen anders. Nur ganz am Anfang, ganz ganz am Anfang, ist das noch nicht so. Außer, wenn du schon eine Beziehung gehabt hast, dann hast du es schon von Anfang an. Wenn du eine Beziehung gehabt hast und verletzt geworden bist, was natürlich so war, dann wirst du in die nächste Beziehung schon ein bisschen mit Vorsicht hinein gehen. Dann hast du schon die Angst von Anfang an und dann willst du schon die Abhängigkeit nicht so eingehen, weil du schon weißt, dass das schrecklich ist. Du hast ein großes Ohr für die Erwartungen, die der andere möglicherweise hat und reagierst da sehr sensibel drauf und sagst: „Lass uns warten, behalte deine Wohnung noch, okay?“ Klar, das sind die Ängste, die man dann hat.

So, noch einmal: Das ganze Ding baut sich an dem Punkt auf, dass du glaubst, dass die Erfüllung oder die Komplementierung im Außen stattfindet, dass das, was du suchst, außen befriedigt werden kann, dass auf den Topf ein Deckel passt. Aber das ist nicht wahr! Ich muss euch leider diese Romantik ein bisschen nehmen. Romantik heißt: Ich bin die Prinzessin und dann kommt DER Prinz, DER Mann meines Lebens. Der ist sozusagen das Dual. Wir finden uns und dann ist alles happy. Die Menschheit glaubt das immer noch, alle glauben das. Ich hole dir die Sterne vom Himmel, bis ans Ende aller Tage liebe ich dich und und und... Hör dir die Schlager an, geh ins Theater, schau dir die modernen Stücke an und selbst in den alten ist es so – es dreht sich immer um die Liebe. Selbst in einem Krimi muss eine Liebesgeschichte sein. Zum Beispiel in Agentenfilmen muss es immer auch eine heiße Frau geben, denn sonst geht keiner ins Kino. Was wurde in den alten Gedichten von Liebe und

Poesie geschrieben oder in den Opern, in Fernsehstücken und Filmen oder in den Schlagern, die komponiert wurden. Immer geht es um diese romantische Liebe.

Entweder du suchst dir einen im Außen, dann bist du in dieser Angst, in dieser Abhängigkeit, machst Kompromisse und hast jede Menge Erwartungen. Es gibt Schmerzen und ein Konto, auf dem das alles registriert wird und irgendwann einmal – das kann ich dir versichern – ist die Liebe vorbei. Mit absoluter Sicherheit! Mit Brief und Siegel! Denn wenn das Konto voll ist mit Verletzungen, Beschuldigungen, nicht erfüllten Erwartungen, dann reicht es irgendwann.

Die Enttäuschung ist: Ich krieg von dir nicht, was ich brauche und damit interessiert mich das jetzt nicht mehr. Und die Liebe versiegt. Dann ist unterm Strich einfach nichts mehr da und du weißt nicht, wo die Liebe hingekommen ist. Die Liebe ist möglicherweise nur die Idee, dass du von drüben das bekommst, was du brauchst. Und wenn du es nicht kriegst, ist die Liebe vorbei. Ist eine tolle Geschichte, eine tolle Liebe.

Lass uns das einmal definieren: Die Liebe ist nur möglich in dir. Es gibt keine andere Liebe, denn Liebe ist eine Qualität der Ganzheit. Liebe, Frieden, Freude sind Qualitäten der Ganzheit. Ist diese Ganzheit nicht da, kann auch keine Liebe da sein. Was wir heute als Liebe bezeichnen, ist etwas Anderes. Das ist nicht Liebe. Die Liebe entsteht nur durch die zwei Seiten in dir, nämlich das Männliche und das Weibliche. Ich weiß nicht, ob es euch schon einmal aufgefallen ist, dass du zwei Nasenlöcher, zwei Augen, zwei Ohren und zwei Gehirnhälften, zwei Herzkammern und zwei Lungenflügel hast. Immer zwei. Und Tatsache ist, dass es besonders beim Gehirn eine intuitive Seite und eine mehr logische, mehr analytische Seite gibt. Das ist aber auch im ganzen Körper so. Es sind immer diese zwei Teile vorhanden.

Beim Gehirn kann man es gut sehen, denn da gibt es Zentren, die etwas mathematisch – analytisch verarbeiten und dann gibt es Zentren auf der anderen Seite, die mehr intuitiv, mehr vom Gefühl her Dinge aufnehmen.

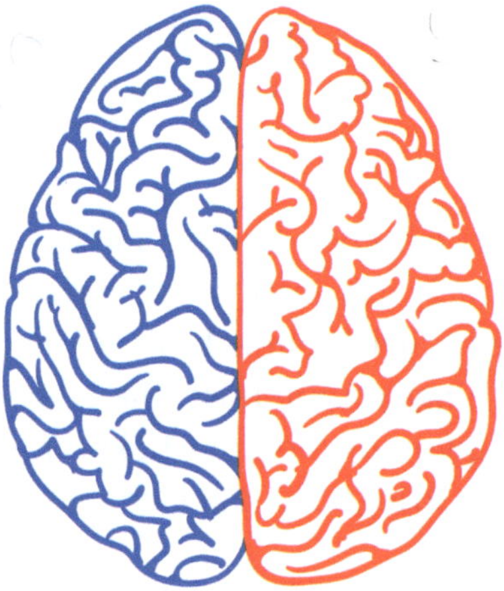

Bei den zwei Seiten des Gehirns ist der Mann links und die Frau rechts.
Auf der körperliche Ebene ist der Mann rechts und die Frau links.

Das heißt: Die Frau sieht ein Bild und hat ein Gefühl über dieses Bild. Sie weiß aber gar nicht, was auf diesem Bild jetzt wirklich drauf ist. Sie könnte aus der Erinnerung dieses Bild vielleicht gefühlsmäßig wiedergeben.

Der Mann weiß, dass links das war und rechts das, aber er hat kein Gefühl dazu. Er hat das analytisch erfasst. So, und das heißt, dass es überall im Leben diese zwei Dinge gibt. In dir drinnen, außerhalb, überall. Die sind angelegt. Und du kannst dir vorstellen, dass ein Mann mit "ich liebe dich" nichts anfangen kann, wenn er diese weibliche Seite in seinem Gehirn gar nicht benützt. Aber damit kann er etwas anfangen: Wow, die hat einen netten Hintern, keine O-Beine, okay, vielleicht ein bisschen, aber dafür hat sie Geld und jung und fesch ist sie auch. Toll! Ja, ich glaube, ich nehme sie. Und dann sagt er: "Ich liebe dich", meint aber, dass er ihre Eigenschaften braucht. Mit Liebe hat das nichts zu tun. Gar nichts! Liebe entsteht erst durch die Gleichheit dieser beiden Pole. Wenn die eins sind, wenn die gleich sind, dann entsteht Liebe. Es kann Liebe nicht auf einer Seite entstehen. Wenn eine Frau viel fühlt und nur intuitiv ist, dann ist sie auch nicht in der Liebe. Es müssen beide Seiten entwickelt sein, sonst funktioniert das nicht. Man kann nicht sagen, dass ein Mensch weise ist oder dass er etwas von der Welt weiß, wenn er die Liebe nicht hat. Weisheit entsteht, wenn Liebe zu gleichen Maßen vorhanden ist. Erst dann können wir Dinge weise betrachten. Wenn ein Mensch nur aus dem Wissen, nur aus dem Verstand, aber ohne Liebe, ohne Gefühl, lebt und handelt, wird er viel traurig sein. Ich gebe euch ein Beispiel. Jemand baut ein Haus. Er baut das Haus sehr vernünftig, sehr statisch, sehr mathematisch, sehr erdbebensicher, was auch immer. Dann hat hier nur der Mann agiert. Es gibt viele Bauwerke heutzutage, wo du das sehen kannst, aber schön sind die nicht. Es ist dann einfach nicht so, dass du da stehst und dir das Herz aufgeht. Du sagst vielleicht: „Interessant, was der da gebaut hat! Wie hoch ist denn das Ding? Das muss aus Beton sein, denn wie könnte man sonst so einen schiefen Spitz bauen?“ Aber dein Herz wird nicht aufgehen. Und es gibt alte, schöne Häuser vor denen du stehst, wo jeder Bogen nicht einfach ein Zirkelbogen ist, wo einer eine Schnur nimmt und dann einen Kreis macht, sondern das ist eine Parabel, das ist eine Hyperbel, das ist Gefühl. Das erweckt das Gefühl in dir. Wenn Bauwerke ohne die weibliche Seite, ohne Gefühl gemacht werden, fühlen sich die

Menschen in ihnen nicht wohl. In diesen Räumen hält man sich nicht gerne auf.

Schauen wir uns noch einmal an, wie das Ganze zu Stande kommt. Wir haben hier ein Ganzes und in diesem Ganzen haben wir zwei Teile. Die zwei Teile tun sich wieder zusammen. Dass aus diesen Ängsten, aus dieser Abhängigkeit, aus diesem Vorwurf, aus dieser Erwartung, die der andere gar nicht erfüllen kann, einmal die große Enttäuschung kommt, kannst du dir vorstellen.

Es kann jetzt sein, dass man sich physisch trennt, es kann aber auch sein, dass man miteinander weiter lebt, aber eigentlich nicht mehr miteinander ist. Und das tut weh, das schmerzt. Wenn man sich trennt, dann wird man natürlich wieder diesen anderen Teil suchen, dann tut man sich wieder mit einem anderen Teil zusammen und das ganze Ding wiederholt sich. Genau das Gleiche.

Bis daher ist es das, was wir alle leben. Was wir uns in den Seminaren aber anschauen wollen, ist die Möglichkeit, dass beide diesen Teil wieder finden. Jeder in sich selbst. Das heißt, hier sind zwei ganze Menschen und diese zwei Menschen werden wieder ein großes Ganzes. Diese Reise kann hier zu Ende gehen. Dann ist Frieden. Sie sind miteinander im Glück, in Einheit, in Achtung und in Liebe.

Im ersten Fall wird die Beziehung immer schlechter, immer weniger. Die andere Beziehung wird immer schöner, immer reicher, immer größer, immer weiter. Es spielt überhaupt keine Rolle, wie lange du mit jemandem zusammen bist. Es ist kein Thema, ob du 20 oder 30 Jahre oder nur ein halbes Jahr zusammen bist. So eine Beziehung wird von Anfang an, wenn diese Dinge gesehen werden, wenn sie eine bewusste Beziehung ist, immer schöner. Von Tag zu

Tag. Und das, was größer wird, ist Dankbarkeit. Dankbarkeit, dass der andere da ist, dass er in deinem Leben ist, dass er dir hilft, ganz zu werden. Der Sinn einer Beziehung ist Wachstum, nicht, dass du glücklich bist.

Wachse und du wirst automatisch glücklich werden!

Klar wirst du zuerst dem Anderen Vorwürfe machen. Du wirst frustriert sein, weil er deine Wünsche, deine Erwartungen nicht erfüllt, weil er dich unglücklich macht. Das ist ein Albtraum, da ist immer großer Schmerz. Du musst dir vorstellen, mit jemandem zusammen zu sein, in den Urlaub zu fahren, im selben Bett zu liegen und sich zu fadisieren. Das muss sehr frustrierend sein. Meistens liegt man ja da im selben Bett und denkt sich: „Warum schleppe ich eigentlich diesen Rucksack mit mir herum? Der da drüben wäre viel netter und ich ginge auch gerne hinüber, aber ich habe ja den da mein ganzes Leben am Hals." Da freut dich dann nichts mehr. Das sind dann die frustrierten Ehefrauen und Ehemänner und davon gibt es viele. Setz dich einmal in eine Pension, miete dich irgendwo ein und dann schau in der Früh, wie die Leute zum Frühstück kommen. Da siehst du sofort die Verheirateten, die lange Verheirateten, die frisch Verheirateten und die, die sich noch nicht so lange kennen. Das siehst du schon an ihren Augen, das siehst du daran, wie sie sich anschauen. Entweder sie strahlen sich an oder sie sitzen halt da, essen ihr Frühstück, sind wie versteinert, reden nicht miteinander, lesen vielleicht die Zeitung und fertig. Aber nach einiger Zeit kommen bei ihr vielleicht durch die schöne Musik Erinnerungen hoch. „Mein Gott, Karli, schau." Und er ist wie versteinert da gesessen und sie hat dann so gelacht. Das war so herrlich. Ich hab da zusehen müssen. Das waren mindestens zehn Minuten und dann hat sie die Hand hingehalten, sie wollte hinüber greifen, sie wollte ihre Hand auf seine Hand legen, aber sie hat es nicht gewagt. Und nach zehn Minuten vergeblicher Versuche hat sie dann - auch sehr unsicher – ihre Hand hinüber gelegt. In dem Moment ist er erschrocken. Der ist so erschrocken, als würde jetzt der Todesengel neben ihm auftauchen. Um Gottes Willen! Sie hat die Hand zurückgezogen und er hat sie angeschaut, als ob er sie auf der Stelle umbringen wollte. Sein Ausdruck war so ungefähr: „Was fällt dir eigentlich ein, mich zu berühren?!"

Was glaubt ihr, was da schon alles auf dem Konto war? „Um Gottes Willen, bleib da drüben!" Manche keifen sich den ganzen Tag an, das ist auch nicht das Gelbe vom Ei, ehrlich. Die, die das schon hinter sich haben, wissen ja, wie solche Partnerschaften ausgehen können. Wie unerträglich es wird, wenn du einen Partner hast, den du nicht mehr magst. Da brauchst du ja auch eine Menge Liebe, das ist nicht so einfach. Und dann sehnt man sich danach, allein zu sein, denn da ist doch alles viel einfacher. Zum Beispiel: Baden gehen am Sonntag. Das ist eine Sache von zwei, zwei ein halb Stunden. „Gehst du mit?" „Nein – ich weiß nicht – na ja, vielleicht doch. Wo wollen wir denn hin? Ach, nicht an diesen Platz, da sind immer so viele Menschen." „Okay, dann gehen wir eben auf einen anderen Platz." Dann ist man soweit, dass man baden gehen kann und dann kannst du dir anhören, dass ihr das aber auch nicht gefällt, weil hier auch zu viele Menschen sind. Wenn du alleine bist, dann nimmst du dir deine Badehose und fährst mit dem Fahrrad zum baden, springst hinein und fährst nach Hause, wenn du Lust dazu hast. Und das machen nicht nur Männer so!

Eigentlich wäre das Leben ja so viel einfacher, wenn da nicht diese Geschichte wäre, dass dir etwas fehlt und das kannst du nicht umgehen. Es fehlt dir ein Teil. Vielleicht kannst du das später ignorieren und zum Beispiel Karriere machen. Manche Frauen denken: „Ich muss jetzt etwas leisten, etwas tun." Ich sehe es ja oft auch in den Seminaren. Da kommen manche Frauen herein und von der Weite sieht man schon, dass sie sich nach ein bisschen Liebe, ein bisschen Wärme sehnen, nach einer Hand, die sie umfängt und hält. Aber sie sind Karrierefrauen. Diese Frauen wissen, was zu tun ist, aber sie kriegen das andere nicht. Und sie wollen es auch nicht, weil sie zu vernünftig sind. Die sagen dann: „Na, ich bin doch nicht verrückt. Ich habe mein eigenes Büro, ich habe mein Auto, ich kann machen, was ich will. Ich werde mir doch nicht so einen Hallodri ins Haus holen. Ich bin doch nicht verrückt geworden. Der quatscht dann herum und will mir vielleicht auch noch Vorschriften machen!".

Jetzt hast du ein echtes Problem. Auf der einen Seite brauchst du einen Mann und auf der anderen Seite willst du ihn nicht. Das kennt ihr ja auch. Und Frau ist ja vernünftig genug!

Das ist dann so ein verzweifelter Versuch einer Frau, den Mann zu leben, aber natürlich verkrüppelt, weil es doch kein echter ist. Und die Männer, die Single sind, werden ja oft häuslich. Der kocht sich sein Essen und wäscht seine Wäsche selber. Das ist dann so ein verzweifelter Versuch, den zweiten Teil irgendwie doch zu kriegen. Aber selbstverständlich funktioniert es nicht ganz, weil es natürlich nicht die richtige Geschichte ist. Das ist einfach, aber nicht leicht. Daher ist es auch mit diesen Projektionen, die dauernd da sind, sehr kompliziert. Es schaut sehr einfach aus, aber wenn du das dann in dein Leben bringst, kannst du das nicht immer so einfach sehen. Da sieht es komplizierter aus. Es braucht einfach Bewusstsein. Das ist so die Grundformel, die Basis des Verstehens, des Experimentierens, damit du das selber raus kriegen kannst. Nach und nach.

3. Projektionen

Ich sehe mich in dir

Wir müssen uns von der Ebene des Denkens auf die Ebene der Gefühle einlassen und das ist gefährlich, weil wir verletzt werden könnten. Viele Menschen denken, dass sie fühlen, aber eigentlich haben sie eine Strategie entwickelt. Sie merken vielleicht, dass sie Angst haben, unsicher sind, verletzt sind, aber vom Fühlen sind sie meilenweit entfernt.

Dazu brauchen wir den männlichen Teil. Es ist der männliche Teil, der es erkämpft, wenn du beginnst, dazu zu stehen, beginnst, es rein zu nehmen und JA dazu zu sagen. Es gibt Leute, die ohnehin schon völlig überfordert sind, weil z.B. der Sohn drogensüchtig ist, die Tochter ihren Job verloren hat und beim Partner Krebs prognostiziert wurde. Wenn ich denen dann sage, dass es ganz wichtig ist, diese Dinge einmal abzuholen, zu fühlen, dann springen die mir an die Gurgel und sagen: „ Was soll ich denn noch fühlen? Ich hab nur Probleme!" Ja, die haben zwar Probleme, aber sie fühlen sie nicht, nicht wirklich. Wenn dein Haus brennt, heißt das noch lange nicht, dass du das rein nehmen und die Verantwortung dafür übernehmen kannst. Wenn du das tust, dann musst du die Dinge in einem weiteren Zusammenhang sehen, damit sie nicht mehr passieren. Falls sie doch irgendwann wieder passieren sollten, werden sie dich nicht mehr hindern, weil es nicht mehr deine Sache ist. Jeder Mensch hat das so, jeder Wunsch funktioniert auf die gleiche Art und Weise. Der Seins-Zustand ist das, was du als Kind noch hattest. Dann verlierst du ihn langsam. Das heißt: Du kommst aus dem Ganzen hierher und machst in der Kindheit Erfahrungen. Du kommst in eine Welt des Fühlens, der Emotionen. Ich nenne das "Das rote Feld".

Wenn diese Erfahrungen schmerzhaft sind, dann wirst du dich retten und in das grüne Feld gehen. Das grüne Feld ist ein Platz, wo du Strategien entwickelst, um den Schmerz nicht fühlen zu müssen. Jeder Mensch macht das.

Man kommt vom blauen Feld durch das rote Feld ins grüne Feld.
Um wieder ins blaue Feld zu kommen, muss man den gleichen Weg wieder zurück gehen.
Vom grünen Feld -> ins rote Feld -> wieder ins blaue Feld

Das heißt: Wenn du an deine Emotionen kommst, den Schmerz im roten Feld, dann wirst du versuchen, diesen Schmerz zu vermeiden. Du hast in dir Verhaltensweisen und Strategien gespeichert. Ich nenne das Verträge, die du in dir fixiert hast und diese Strategien, Verträge, werden automatisiert und bei Bedarf abgerufen.

Sagen wir einmal, du schaust jemanden an und weil jemand zu dir als Kind einmal gesagt hat: „Warum schaust du so dumm?“ hat dich das verletzt und erschreckt. Und wenn du heute jemanden anschaust, dann kommt diese Emotion, dieser Schmerz von damals, hoch. Dann wirst du das nicht mehr tun. Du wirst niemanden mehr anschauen oder wenn du ihn anschaust, dann wirst du einen blöden Witz machen oder sagen „Hallo wie geht's?" oder irgend so etwas, damit er nicht auf die Idee kommen könnte, dich zu verletzen. Da ist eine Verletzung in dir und jetzt schau genau hin. Wir wollen ja alle irgendwie wieder in diese Einheit zurück. Da musst du aber zuerst durch dieses rote Feld, die Emotion, den Schmerz, wieder durch. Es gibt Menschen, die wollen da drüber hüpfen und gleich in der Einheit wieder landen. Das funktioniert leider nicht. Du musst das zuerst fühlen, abholen, wie ich sage, sonst passiert gar nichts. Wenn etwas auf dich in der Beziehung zukommt, jemand dich verletzt, dann musst du das fühlen. Wenn du es nur ein bisschen fühlst und dann wieder stoppst, beleidigt bist und dich zurückziehst, ist das eine Strategie, weil du es eigentlich nicht zulässt. Du sagst nicht „okay, ich fühl mich jetzt verletzt und lasse das geschehen und steh dazu, dass es jetzt in mir so ist", sondern du gehst sofort auf Revanche. Damit fühlst du das nicht, damit holst du es nicht ab, damit verbarrikadierst du dich in Verhaltensweisen. Menschen heutzutage haben ein riesiges, starkes, fundamentales Bauwerk, ein grünes Feld, das nach außen abgesichert ist. Wir lassen diese Gefühle nicht mehr zu. In diesem grünen Feld bewegen wir uns. Du kannst dir das sicher alles vorstellen. Wenn dich ein anderer verletzt, wirst du das nicht mehr zulassen. Dann wird man sich auf diese eine Ebene einigen. Das ist eine Ges.m.b.H.

Du bist eigentlich in der Verteidigung und du kannst es vergessen, dass der andere dir entgegenkommt und Verständnis für irgendwas hat, solange du dein Herz nicht öffnest. Das wäre das rote Feld. Solange du nicht verletzbar wirst, gibt es keine Beziehung. Tatsache ist, dass du in einer Beziehung verletzt wirst. Musst du. Es gibt keine andere Möglichkeit. Blockst du das ab, indem du dich nicht verletzen, dir das nicht gefallen lässt, dann stellst du von vornherein klar, dass das bei dir nicht so läuft. Damit bist du nicht ausgeliefert, damit werden diese Dinge gar nicht passieren. Damit bist du aber auch in keiner Beziehung mehr. Zwei grüne Felder können sich nicht verständigen. Sie werden sich nicht verstehen, es wird keine Liebe da sein.

Du blockst ab oder du sitzt neben jemandem, du tust so, als ob du fühlen würdest, aber du fühlst nichts. Es ist so, als würde dir jemand die Hand geben und sagen: "Schön, dass du da bist". Aber „schön, dass du da bist", fühlst du nicht. Ja, du denkst „schön, dass du da bist". Das ist eine Floskel aus dem grünen Feld, da ist kein Gefühl. Vielleicht müsstest du, wenn du wirklich ehrlich wärst, im roten Feld sagen: "Ich hätte eigentlich etwas anderes vorgehabt, aber du bringst jetzt alles durcheinander". Das ist eigentlich das, was du fühlst. Aber das kannst du nicht. Also verbarrikadierst du dich im grünen Feld und von dort aus leben wir dann. In einer Beziehung ist das fatal.

Damit eine Beziehung funktioniert, gibt es keine andere Möglichkeit als verletzbar zu werden. Was passiert aber, wenn sich ein Partner auf den Weg macht und rund und ganz wird und der andere sich trotzdem im grünen Bereich verbarrikadiert ? Was passiert dann? Das geht dich nicht wirklich etwas an – eigentlich! Dann verändert sich einfach alles. Es kann sein, dass die Beziehung dann irgendwann nicht mehr passt. Es kann sein, dass du dadurch, dass du in Balance bist, den anderen auch sein lassen kannst. Sehr oft interessiert er sich dann auch dafür. Sehr oft, aber es muss nicht sein. Es ist ja auch seine Freiheit, zu leben, was er leben will.

Am schönsten ist es natürlich, dieses Bewusstsein zu haben. Das nur einmal so vorweg. Es gibt aber keine Möglichkeit, eine Beziehung im grünen Feld zu führen. Das ist absolut absurd und unmöglich. Das ist die Ratio sozusagen, die Logik, der Verstand. „Logisch ist, dass du mich verletzt hast und jetzt brauchst du nicht glauben, dass ich mich beim Sex öffnen werde. So einfach ist das nicht“. Jetzt bewegen wir uns im grünen Feld und irgendwann wird die Beziehung nicht mehr funktionieren, gar nicht mehr.

Wenn du genau hinschaust, merkst du, dass es zwischen Ehepaaren ganz viel Rache gibt. Oft sind es lächerliche Kleinigkeiten wie: „Du hast zu lange einer anderen nachgeschaut, du hast meine Zärtlichkeiten abgelehnt und das hat mich verletzt“ und so weiter. Das würdest du natürlich nie wirklich sagen, denn du bist ja ein spiritueller Mensch. Aber es hat dich verletzt, sehr verletzt! Ist es jetzt wichtig, alles zu sagen? Es kommt nicht darauf an, dass du es sagst. Es kommt darauf an, dass du es fühlst. Es wäre sicher einmal ganz gut, ehrlich zu sein und zu sagen, was in dir abgegangen ist. Dann hast du keine Schuldreaktion, die ist nämlich das Problem. Das heißt, wenn du keinen Widerstand mehr hast, kannst du es sagen oder auch nicht. Beides ist dann ok.

Mann und Frau, männlich und weiblich, ziehen sich an. Einerseits im Außen, wo wir den anderen Pol, den Mann oder die Frau anziehen. Aber es gibt dieses Prinzip auch in uns. Jeder von uns ist zu 50% männlich und zu 50% weiblich. Die erste Frage ist nun, warum zieht dieser Mann diese Frau an. Warum nicht diese Frau oder diese? Warum reagiert er bei der und bei einer anderen nicht? Ich meine, wenn da drüben Frauen sind, da könnte doch jede attraktiv für ihn sein.

Umgekehrt natürlich auch. Jeder Mann müsste attraktiv sein für eine Frau. Theoretisch ja, aber es ist nicht so. Es gibt Millionen, die dich überhaupt nicht interessieren. Aber eine oder einer interessiert dich! Die Frage ist jetzt: Warum interessiert dich gerade diese oder dieser? Warum? Er oder sie ist deshalb so interessant, weil er die Eigenschaften hat, die du nicht hast. Es sind die, die du im Unterbewusstsein gespeichert hast und die dir der andere nun spiegelt. D.h., er muss etwas haben, was dir nicht bewusst ist, du aber im Unterbewusstsein hast. Man sagt auch oft dazu, bei mir liegt etwas im Schatten, es ist nicht im Licht, nicht im Bewusstsein, sondern im Unterbewusstsein.

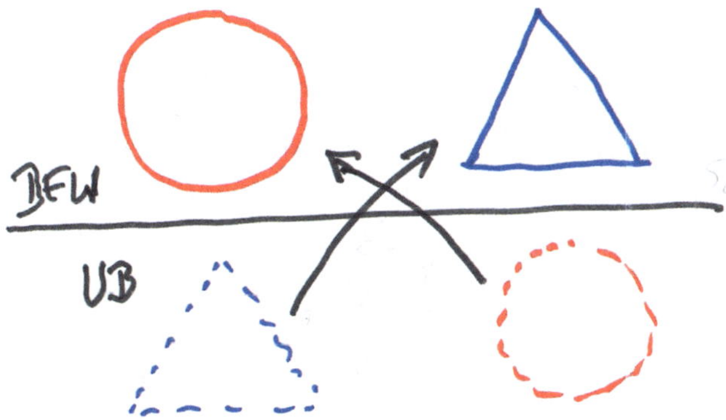

Frau und Mann haben beide Teile im Unterbewusstsein

Und beim anderen muss im Unterbewusstsein diese Frau sein, der er gerade begegnet. Das heißt, diese beiden inneren Teile sind eigentlich eins und die im Außen wollen auch eins werden. Es geht nicht, dass nur einer hier ist. Die müssen eins sein, die sind eins. Du bist eins, du kannst nicht getrennt sein. Es ist eine Illusion, dass du getrennt bist. Trennung funktioniert nur dadurch, dass du nicht mehr das Bewusstsein dieser Ganzheit, nicht das Bewusstsein deines fehlenden Teiles in dir hast. Er hat nicht das Bewusstsein, dass eine Frau in ihm drinnen ist. Und weil er das nicht weiß, sucht er diese Frau im Außen. Und deshalb sucht auch diese Frau den Mann im Außen, der eigentlich in ihr ist. Es gibt ein System in uns, so wie eine Trommel, so wie eine Stimmgabel. Wenn nun eine Frau auftaucht, die seiner inneren Frau entspricht, dann klopft sein Herz schneller, dann kriegt er Schweißausbrüche und weiß nicht, was los ist. Das heißt, er hat eine Frau gefunden, die seiner inneren Frau ähnlich ist. Das ist aber nicht seine Frau. Das ist nicht sein fehlender Teil. Es ist eine Frau im Außen, die ebenfalls einen fehlenden Teil in sich trägt, der ihr nicht bewusst ist.

Man nennt das auch Projektion. Dieser Mann projiziert die Frau hinüber und diese Frau projiziert den Mann hinüber. So, was heißt das jetzt? Hier gibt es eine Schranke und das ist völlig im Unterbewusstsein, das ist nicht verfügbar. Nur im Außen ist es verfügbar. Wenn jetzt ein Mann Sehnsucht nach einer Frau hat, dann wird er ein Bild von dieser Frau haben. Die soll so und so aussehen, solche Augen haben und sich auf eine ganz bestimmte Art verhalten. Durch diese Frequenz, die dieser Mann ausstrahlt, kommt jetzt so eine Frau in sein Leben. Das heißt, dass du hier eine Antenne hast, permanent diese Frequenz anhand deines inneren Bildes ausstrahlst und nicht weißt, woher das kommt. Wenn sie nun auftaucht, sagst du: „Unglaublich, dass ich dich getroffen habe, so ein Zufall“. Es ist dir zwar etwas im Außen zugefallen, aber nicht zufällig, sondern weil du diese Frequenz bereits die ganze Zeit ausgestrahlt hast. Wir können das aber nicht sehen und gehen der Sache auf den Leim. Jetzt hast du deine Sehnsucht, jetzt taucht der Traum deiner schlaflosen Nächte auf, jetzt bist du platt und jetzt wirst du dich festmachen. Du wirst Mechanismen aktivieren von: ich brauch dich, ich liebe dich, du bist alles für mich. Klar, der da drüben ist dein Alles. Nur er ist es nicht wirklich. Der bzw. die da drinnen ist dein Alles. Völlig unromantisch, nicht? Nein, eigentlich nicht. Schau mal her, jetzt sagt der eine: „Auf dich hab ich mein ganzes Leben gewartet, du bist die Frau meiner Träume, ich will dich haben, ich will dich heiraten, ich will mit dir sein. Ich will dich nie mehr loslassen!“ Am Anfang ist das so, später nicht mehr. D.h.: Es ist doch logisch, dass du ihr/ihm auf den Leim gehst. Was wir nicht wissen ist, dass du diese Frau gefunden hast, weil du schon diese Frequenz hattest. Deshalb findest du sie! Wenn du einmal einen Kurs hier im Institut gemacht hast, sagst du vielleicht statt: „Ich liebe dich, ich habe dich immer gesucht, du bist der Traum meiner Träume etc.“, „Du bist meine Projektion“. Ich meine, so romantisch klingt das nicht. „Darf ich ihnen meine Projektion vorstellen“ klingt nicht wirklich gut. Meine Frau, mein Mann, mein Geliebter klingt schon ganz anders. Das ist mein Prinz, meine Prinzessin. Die himmeln sich an. Wenn sich zwei anhimmeln, dann ist das 100% eine Projektion, 100%!

Verliebt sein ist eine Projektion. Deswegen sagt man ja auch, wenn einer verliebt ist, ist er komplett neben den Schuhen. Er sieht eigentlich die Realität nicht, er sieht nur das, was er sehen will. Was will er denn sehen? Die da drinnen will er sehen und die projiziert er jetzt rüber, aber die hat mit ihm nicht alles gemeinsam. Es ist wirklich erstaunlich, mit welchen Übereinstimmungen zwei Menschen zusammen kommen. Das fängt schon auf der Parkbank an. Du schaust, was für ein Buch da drüben gelesen wird und sagst, dass du das auch gelesen hast und du fängst an zu plaudern.

Das ist die erste Übereinstimmung. Dann gehen sie auf einen Kaffee und einer von den beiden sagt: „Ich möchte lieber Tee“. ...und der andere: „Im Vertrauen, ich trinke auch lieber Tee“. Zweite Übereinstimmung. Klingelingeling, Programm läuft. Dann gehst du heim, es läuft die richtige Musik zu Hause, die dir auch gefällt. Dritte Übereinstimmung!

Na, viel mehr brauchst du nicht. Ein paar noch und du schnitzt schon das Herzerl in den Baum. Und zwei Monate später stehst du schon vor dem Altar. Und später kommen die Leute dann in die Beratung und sagen nach 15 Jahren Ehe: „Wir sind so was von verschieden, wir haben überhaupt nichts gemeinsam“. Schon mal gehört: Wir haben überhaupt nichts gemeinsam, wir sind so anders? Also jetzt frage ich mich echt, wieso haben die überhaupt geheiratet. Wir glauben dann, dass der andere uns getäuscht hat.

Du hast vier Übereinstimmungen genommen und das andere hast du vorgespielt. In der Früh Cremeschnitte essen ist nicht Deins. Aber weil dein Partner in der Früh eine Cremeschnitte isst und schwarzen Kaffee trinkt, machst du es halt auch. Aber das ist nicht, was du möchtest, sondern ein Kompromiss, den du um der Liebe willen eingegangen bist. Wenn du jetzt aber dein Geselchtes in der Früh auspackst und er isst die Cremeschnitte, dann kann man das doch nicht machen! Dann funktioniert das nicht.

Das Problem ist, dass wir immer im Außen suchen. Außen wirst du es nicht finden! Es ist nicht befriedigend. Das Außen wird dir Probleme ohne Ende machen. Da gibt es einerseits die optische Geschichte. Wenn es dann aber auf die spirituelle Ebene wechselt, dann entstehen Ungereimtheiten. Diese beiden Ebenen haben so viel nicht gemeinsam. Optisch kann man sich das herrichten. Es kommt darauf an, worauf du schaust. Richtest du deine Aufmerksamkeit nach außen, dann wirst du dein Bild drüben, im Außen finden. Selbst wenn du etwas verdrängt hast, wirst du es außen finden. Das ist ja das Schöne an der Ehe oder Partnerschaft, dass der andere dir so auf die Socken geht. Warum? Weil er das ist, was du eigentlich nicht sein willst. Weil du erleben wirst, was in deinem Unterbewusstsein gespeichert ist. Deswegen geht man auf Schwiegermütter so los, weil man mit denen keinen Sex hat. Aber die Projektion läuft. Doch mit dem Partner hat man Sex und dann verzeiht man ihm halt so manches! Aber mit der Schwiegermutter schläft man ja nicht. Da ist die Projektion perfekt. Zu Beginn, wenn man sich gerade kennen gelernt hat, agiert man mehr auf der visuellen Ebene. Wenn man dann beisammen bleibt, kommt der unromantische Teil aus deinem Unterbewusstsein. Aber du kaufst es ein, ob du es weißt oder nicht. Du kaufst dir das 100%ig ein. Das bedeutet aber, dass du gerade den idealen Partner hast. Das ist der Partner, der dir entspricht. Unser Leben besteht mehr oder weniger aus Projektionen. Permanent. Du siehst immer das, was dein eigenes Ding ist. Das ist sozusagen dein eigenes Projekt. Da ist jemand der dich spiegelt. Wichtig ist dann, dass du als Frau diesen männlichen, unbewussten Anteil in einen heilen, ganzen Anteil entwickelst. Dann bist du ganz. Das ist eigentlich der wichtigste Schritt. Der unbewusste Teil ist der, den wir uns irgendwie in uns zusammengestoppelt haben. Aber das ist ja nicht der heile Teil. Ganz macht uns nur, wenn ich den Menschenanteil in mir echt spiegle, also so, wie er im ursprünglichen Sinn ist. Mit allem Drum und Dran. Da ist auch ein Arschloch drinnen, aber auch das ist dir egal.

Alleine würdest du das nie sehen. Wenn du in einer Klause irgendwo wohnst, in einer Höhle oder irgendwo außerhalb dieser Stadt und du bist ein Mann, kannst du sehr, sehr schwer sehen, was da in dir los ist. Deshalb wird man auch ein bisschen eigenartig und denkt, dass es vielleicht besser wäre, immer alleine zu essen, dann bliebe einem viel erspart! Wenn du aber einen Partner hast, dann spiegelt dir der Partner alles, was du Schönes in dir hast. Aber alles, was du nicht magst an dir, spiegelt dir dein Partner auch! Jetzt kommt die große Chance. Wenn dir jetzt irgendwas auf die Nerven geht, zum Beispiel, wenn er seine Zahnpastatube immer offen lässt oder der WC Deckel im Bad oben statt unten ist, dann geht dir das irgendwann furchtbar auf die Nerven. Warum kann der nicht einmal den WC Deckel runter geben! Ist das so schwierig, geht das so schwer in sein Hirn hinein? Der andere wird jetzt natürlich total erfreut sein über diese Belehrung und wahrscheinlich wird er den Deckel jetzt extra oben lassen. Es wird nicht funktionieren! Und wenn er ihn runter tut, weil du es möchtest, wirst du auch nicht zufrieden sein.

Jetzt haben wir ein echtes Problem. Das Problem löst sich aber erst dann, wenn du drüben siehst, was in dir ungesehen schlummert. Da sehe ich einen kleinen Protestler. Da sehe ich einen, der schlampig und schusselig ist, der, wenn jemand anderer da ist, den anderen machen lässt. Aha, das habe ich auch in mir. Da müsstest du schauen, wo das bei dir versteckt ist. Und dort muss es akzeptiert werden. Dann wird Harmonie sein zwischen euch.

So, es gibt jetzt positive Projektionen und negative Projektionen. Lass uns mal mit den positiven anfangen. Eine positive Projektion kann zum Beispiel sein: "Du bist ein gütiger Mensch". Du weißt aber gar nicht, dass du so ein gütiger Mensch bist, aber er sieht es. Der Partner sieht das in dir. Erinnere dich, der Partner sagt was zu dir oder hat etwas gesagt, von dem du gar nicht weißt, dass du das hast. Zum Beispiel: "Du bist mutig oder du bist großzügig". Der weiß nur nicht, wo du da nicht großzügig bist, das weiß er nicht. Gott sei Dank!

Aber jetzt versuchst du, auch großzügig für den Partner zu sein, weil er das gesagt hat. Das heißt, dass dieser Partner etwas in dir sieht, was du gar nicht bist. Aber du kannst dir vorstellen, dass mit der Zeit zum Vorschein kommt, dass das gar nicht stimmt. Sie geht mit ihm in eine Bar und bestellt dort eine Bloody Mary. Jetzt kommt diese Bloody Mary und er sagt, dass der Whiskey nicht der Whiskey ist, der auf der Karte steht und der Barkeeper soll das bitte wieder zurücknehmen. Obwohl der Barkeeper beteuert, dass es keinen anderen gibt, beharrt er darauf, obwohl er schon davon getrunken hat, weil es nicht das ist, was auf der Karte steht. Er sagt das ziemlich klar, der Barkeeper murmelt irgendetwas in seinen Bart und sie ist begeistert. Sie ist begeistert von diesem Mann. Er schickt diese Bloody Mary einfach zurück und sagt, das schmeckt nicht so und das ist nicht das und das zahle ich auch nicht. Am nächsten Tag erzählt sie das ihrer Freundin: „Stell dir vor, ich habe einen Mann kennengelernt, das ist ein richtig cooler Typ, ein richtiges Mannsbild. Weißt du, was der gestern in der Bar gemacht hat? Der hat eine Bloody Mary bestellt..." und sie erzählt ihrer Freundin ganz begeistert, was passiert ist.

In dem Moment läuft eine Projektion ab! Und zwar sieht sie jetzt diesen Menschen als mutig, als einen Draufgänger. Das sind bereits Projektionen und wenn man ganz genau hinschaut, dann sieht sie diesen Menschen jetzt schon als Siegfried. Sie sieht einen Mann, der neben einem Schwert steht. Das ist ein Mann, der Mut hat! Das ist bereits die Projektion. Sie projiziert das jetzt hinüber! Irgendwann am Abend, wenn es dunkel ist, wird sie sich an ihn drücken und sagen: „ Gott sei Dank bist du da. Du bist so stark! Da brauche ich keine Angst zu haben." Ihm ist aber ganz mulmig auf diesem Waldweg, den sie gerade gehen und eigentlich fürchtet er sich. Aber da sie ihn so mutig findet und so froh ist, ihn zu haben, um sich nicht fürchten zu müssen, versucht er halt, dieser Projektion irgendwie gerecht zu werden. Doch in Wirklichkeit ist er gar nicht mutig.

Sie macht ihn zu einem mutigen Mann und erwartet jetzt von diesem Mann, dass er mutig ist, weil sie ihm diesen Mut sozusagen rüber tut. Und wenn sich später herausstellt, dass er zu feige ist, in die Schule zum Direktor zu gehen, dass er zu feige ist, bei der Firma anzurufen und zu sagen, wir können die Rechnung diesen Monat nicht bezahlen, dass er sich immer drückt, dann ist sie enttäuscht. Das kommt aber vielleicht in 10, 15 oder 20 Jahren erst zum Vorschein. Dann fängt das zu bröckeln an. Jetzt stellt sie fest, dass ihr Mann eigentlich ein Feigling ist. Also das hätte sie sich nie gedacht. In Wirklichkeit ist das ein Feigling, der sich vor allem Unangenehmen drückt. Und sie hat geglaubt, dass er ein Held ist. Sie war so stolz und hat ihn dafür geliebt, diesen Helden. Jetzt fällt der Held auseinander. Eine riesige Enttäuschung! Bitte schau genau hin. Das war von vornherein eine Projektion. Das war dieser Mensch nie. Und das ist genau das, was passiert, wenn man verliebt ist. Man macht einen Menschen zu etwas, was er gar nicht ist. Da siehst du in einem Menschen etwas, das nur du sehen kannst.

Einmal hat mir jemand seine Verlobte in den buntesten Farben geschildert, was für ein unglaublicher Mensch sie ist und welche Tiefe sie hat usw. Eine Schönheit ohne Ende. Und dann habe ich die beiden einmal zufällig getroffen. Er hat sie mir vorgestellt. Aha, das ist die mit der Tiefe usw. Okay, gut. Aber möglicherweise sieht er nicht, was da drüben wirklich ist. Und so ist das, wenn man verliebt ist. Da projiziert man etwas hinüber, was gar nicht ist. Jede Frau hat so einen Mann drinnen. Das ist der große, kräftige, tolle Typ. Und jeder Mann hat auch diese unglaubliche Frau in sich. Sie hat jetzt die Eigenschaften ihres inneren Mannes hinüber projiziert. Sie macht ihn sozusagen zu etwas, was er gar nicht ist. Das kann er nicht halten. Das kann er nicht erfüllen. Das ist ihre Eigenschaft, das ist ihr innerer Mann, nicht er. Und das ist seine innere Frau. Aber wenn dann am Schluss rauskommt, dass er, also für sie, feige ist, dann ist doch eigentlich ihr innerer Mann auch feige, wenn er es widerspiegelt. Ja klar. Nur wenn sie das erkennt, kann sie das heilen. Aber wenn nicht, wenn sie in der Projektion bleibt, wenn sie sagt, da draußen ist ein toller Typ und später sagt sie, er ist ein Feigling, dann ist das in jedem Fall in ihr drinnen. Dieser Mann in ihr hat natürlich diese schönen Dinge, aber auch die hässlichen. Und das ist die Schwierigkeit. Das muss akzeptiert werden.

Alles, was dir in deinem Leben begegnet, besonders in einer Beziehung, hat ausschließlich mit dir zu tun. Es hat ausschließlich, ohne Ausnahme, mit dir zu tun!
Das ist jetzt nicht so lustig, aber vielleicht siehst du die Chance, die Möglichkeit auftauchen, denn jeder dieser Menschen hat sowohl das Schöne, als auch das Negative. Wenn sie jetzt sehen kann: Hey, da sehe ich einen edlen Ritter, sozusagen einen unglaublichen Mann, einen Helden, könnte sie, wenn sie es wüsste, die Projektion sofort zurücknehmen. Wenn ich das in dir sehe, hör mal, dann muss ich diese Qualität in mir haben. 100%. Ob du das jetzt bist oder nicht. Wenn ich das in dir sehe, wenn du mich faszinierst, dann kann ich diese Projektion, kann und muss ich diese Projektion zurücknehmen.

Mir ist das einmal am Flughafen passiert. Ich konnte nicht lesen, mich nicht auf meine Zeitung konzentrieren. Ich musste immer zu einer Frau, die mir gegenüber saß, hinüber schauen. Wie ein Idiot! Was ist da los, was gefällt mir da drüben so, was fasziniert mich da drüben so? Ich wollte herausfinden, warum ich immer wieder zu ihr hinüber schauen muss. Was ist es denn, was mich so fasziniert? Ist es diese Unschuld, der Ausdruck in ihren Augen? Da war so eine Reinheit, eine Schönheit drinnen. Als ich es herausgefunden hatte, war ich total perplex. Wo ist diese Schönheit, diese Reinheit in mir? Wo ist diese Unschuld in mir? Sie muss in mir sein. Das, was ich da drüben sehe, muss in mir sein.

Wenn nun eine Frau von einem Mann total fasziniert ist, von seiner Stärke, seiner Überlegenheit, seiner Klarheit, seiner Entscheidungsfreudigkeit, sie aber sich überhaupt nicht entscheiden kann und er alles in 5 Minuten organisiert hat, wozu sie sich ewig lange vorbereiten muss, wenn sie was vorhat, dann muss diese Stärke, diese Klarheit in ihr vorhanden sein. Immer, wenn du bei jemandem etwas bewunderst oder schön findest, dann muss das, was du da siehst, in dir drinnen sein. Das ist immer so und das ist eine unglaubliche Möglichkeit. Du kannst jetzt diese Projektion zurücknehmen. Hör mal, du kannst das gleich machen. Du nimmst die Projektion zurück und sagst: „Diese Schönheit, die ich drüben sehe, ist in mir. Das ist meine Schönheit, die ich mir jetzt zugestehe. Das ist mein Kind, das ich da fühle, diese Kindlichkeit, das ist das Kind in mir. Eigentlich bin ich so ein bisschen ein Falott, aber da ist auch diese Ehrlichkeit in mir. Da ist jemand total ehrlich. Das ist meine Ehrlichkeit in mir. Das spiegelt mir jemand“. Dann ist das die erste Chance zu wachsen. Das ist die erste Chance zu sagen: „Danke, dass du an meiner Seite bist. Danke, dass du, die ich gar nicht kenne, für eine Stunde in mein Leben getreten bist und ich durch dich wachsen und lernen durfte“. Dazu muss ich aber nicht heiraten und kein großes Theater machen.

Wie können wir nun diese Projektionen verändern? Angenommen, du projizierst "der Mann ist stark" nach außen. Du projizierst sozusagen deinen inneren Mann nach außen. Wenn nun dieser Mann im Außen dieser Projektion nicht gerecht wird, du nicht an dir arbeitest, Widerstand gegen die Projektion hast und diese Projektion ablehnst, wird es ein bisschen kompliziert. Denn im ersten Moment projizierst du in ihn den Helden hinein und beim nächsten Mal ist er das nicht mehr. Jetzt ist die Frage warum? Habe ich zu viel verlangt oder erwartet? Am Anfang werden ja beide versuchen der Projektion gerecht zu werden. Sie wird den Helden in ihm sehen wollen, auch wenn er sich nicht wie ein Held benimmt, stimmt's? Na, klar. Sie wird das sehen wollen, bis es echt augenscheinlich ist. Denn durch die Wiederholungen in ihrem Leben kommt sie drauf, dass ihr Mann alles andere als ein Held ist. Der drückt sich wo es nur geht und sie ist total enttäuscht von diesem Mann und zieht sich von ihm zurück. Die Liebe wird baden gehen. Je größer die Projektion, umso kleiner das Selbst. Je mehr du in einen Partner hinein projizierst, je mehr du ihn in die Höhe hebst, umso kleiner machst du dich selber, umso minderwertiger fühlst du dich.

Wenn du zu jemandem sagst, dass er ein unglaublicher Mensch ist, dann hast du diesen unglaublichen Menschen nicht in dir aktiviert. Du bist eigentlich ein Mensch, der mittelmäßig ist, der sich minderwertig vorkommt. Wenn du aber den anderen hast, fühlst du dich eins mit ihm. Dann glaubst du, du bist wertvoll. Jetzt bist du abhängig von dem wertvollen Menschen. Der bringt sozusagen ein bisschen Licht in deine Unvollkommenheit. Das geht schief. Wenn man jetzt soweit ist, dass man diese Urprojektion erkennt und überlegt, wo man das in sich findet, was passiert dann?

Nehmen wir einmal ein Beispiel: Also ich habe eine Geschäftspartnerin, mit der ich sehr viel arbeite. Die ist total kreativ und künstlerisch begabt. Das bewundere ich an ihr. Ich finde das aber nicht in mir, muss es aber in mir haben, sonst könnte ich es bei ihr nicht sehen. Sagen wir einmal, die malt jetzt etwas oder sie dekoriert etwas sehr schön. Das Dekorieren muss jetzt nicht deine Eigenschaft sein, aber was bewunderst du denn wirklich an ihr? Die Phantasie zum Beispiel. Hast du Phantasie? Wenn du nein sagst, stimmt das nicht. Das ist sehr logisch, was wir jetzt machen. Wie kannst du sehen, dass jemand phantasievoll ist, wenn du keine Phantasie in dir hast? Wie kannst du das beurteilen? Du kannst ja nur etwas Bekanntes erkennen, etwas, was in dir ist, in deinem Unterbewusstsein. Dann musst du es haben. Alles was du da draußen siehst, musst du haben, denn sonst kannst du es nicht erkennen.

Du glaubst, du hast es nicht, aber bei dir liegt es im Schatten. Das ist schon die Projektion. Dadurch kannst du aber dich über den anderen sehen. Das ist der Sinn dieser Schöpfung. Der Sinn ist, dass du dich selber durch einen anderen sehen kannst. Es ist ja nicht so, dass du dich nicht darüber ärgerst, weil du glaubst, dass du diese Eigenschaft nicht hast. Damit bist du der Sache schon auf den Leim gegangen.

Das heißt, dass das, was du außerhalb von dir siehst, immer deine Eigenschaft ist. Immer, ohne Ausnahme! Also freue dich über alle Menschen, über alle Dinge, die du schön und wow findest. Das musst du auch haben. Du musst nur herausfinden, was es genau ist.

Das Wissen um die Projektion alleine reicht aber nicht. Du musst das wirklich in dir fühlen und annehmen, auch wenn du bei jemandem siehst, dass er ein Feigling ist. Sonst befindest du dich im grünen Bereich und nicht im roten. Zuerst musst du einmal wissen, dass es Projektionen gibt. Wenn du jetzt siehst, dass jemand eine Blume mit sehr viel Gefühl und mit Tränen in den Augen ansieht und du bist berührt davon, dann fühlst du das auch. Wenn du jetzt aber nur sagst: „Ich nehme die Projektion zurück, denn das muss ich auch sein", reicht das nicht. Da bist du nur mit dem Verstand unterwegs, aber nicht mit dem Fühlen, nicht mit der Frau in dir. Und damit hast du es nicht erlöst.

Da hast du die Frau nicht zugelassen. Es ist oft so, dass sich der Verstand als Gefühl ausgibt. Es ist wichtig, das zu unterscheiden: Was ist der Verstand, was ist das Gefühl? Was ist der Mann, was ist die Frau? Da mischt sich etwas rein. Das ist gar nicht so leicht. Der Mann kann sich als Intuition ausgeben und sagen: „Wenn ich meine Intuition frage, wird das so oder so sein." Aber in Wirklichkeit hat er keine Ahnung von Intuition. Wir vermeiden diesen roten Bereich gerne, denn das ist ein heikler Bereich. Da wollen wir nicht hin.

You have to be a passionate mind-detective.

If you know your mind, you know everything!

Osho

4. Danke, dass es dich gibt!

Was fasziniert dich am Anderen?

Wie geht nun eine Beziehung so vor sich?

Wenn wir einer Frau bzw. einem Mann begegnen, gibt es eine Riesenanziehung, eine Faszination. Außer du suchst dir von Anfang an nur eine. Dann hast du natürlich nicht so viel Faszination. Aber ein bisschen was muss schon da sein, denn sonst würdest du das nicht machen.

In Asien werden ja fast alle Paare von den Eltern gewählt und verheiratet. Die müssen dann schauen, ob es mit der Zeit, wenn die Proteste vorbei sind, irgendeine Möglichkeit gibt, was ja oft der Fall ist. Man protestiert gegen einen Partner, man protestiert gegen "Ich muss jetzt". Aber es ist die Tradition dieser Menschen, dass sie einen Ehepartner kriegen, weil sich die Familien darauf geeinigt haben. Wenn die einander begegnen, dann ist Angst und alles Mögliche da. Nach und nach versuchen sie, weil sie ja nicht anders können, an dem anderen etwas zu finden, eine Faszination zu finden, sonst kann man das nicht leben. Und nach und nach ist das dann auch so. Nach und nach finden sie etwas Liebenswertes am Partner und können sich gegenseitig auch achten. Wenn das nicht passiert, ist es ein Albtraum. Osho hat das teilweise auch mit Paaren gemacht, aber nicht um sie zu verheiraten. Sie sollten einmal eine Woche lang Tag und Nacht zusammen bleiben, um etwas auszuprobieren.

Man kann aus dem Leben immer etwas heraus holen, selbst wenn du im Gefängnis bist und gezwungen wirst, 30 Jahre dort zu verbringen. Du wirst anhand dessen schauen können, was für dich möglich ist. Es gibt wirklich solche Menschen. Ich habe das eine Zeit lang verfolgt – ist schon lange her. Ich habe die Möglichkeit gehabt, an Skripten zu kommen, an handgeschriebene Zettel, die kopiert wurden. Die waren von Leuten, von Strafgefangenen in Sibirien und diese Menschen haben Dinge geschrieben, die mich zu Tränen gerührt haben.

Einer hatte es mir besonders angetan. Der hat ein ganzes Jahr lang auf drei Tage gewartet, wo die Sonne für 2 Minuten in seine Zelle geschienen hat. Ein ganzes Jahr und das ganze Jahr hat er geschrieben. Er hat die Tage gezählt. Er hat nicht gewusst, welcher Tag ist, doch er hat gewusst, dass jetzt die Sonne bald wieder kommt. Und die Sonne hat drei Tage in seine Zelle geschienen, zwei Minuten jeweils. Drei Tage lang zwei Minuten! Und er hat geschrieben. Diese zwei Minuten. Das Licht. Er hat geheult, wie das Licht reingekommen ist. Zwei Minuten lang in seine Zelle! Dieser Mann ist 100%ig aufgewacht. In der Zelle! Weil er in sich etwas gefunden hatte.

Wir wissen nicht, wie wir in ein bestimmtes Leben kommen. Tatsache ist, wenn du in einem bestimmten Leben hier bist, hast du das zu 100% gewählt. Da wolltest du etwas erfahren und deswegen bist du in diesem Leben. Vielleicht wählt ein Mensch, dass er im Rollstuhl sitzt und dass er ein ganz schweres Schicksal hat. Es gibt Kinder, die können nicht einfach spielen gehen. Die haben irgendein Leiden, eine Atrophie oder haben keine Muskeln oder können nicht normal atmen. Da fragt man sich natürlich warum, wozu. Wir haben das gewählt, um etwas herauszufinden. Wir wählen einen Kontrast.

Man fragt sich: Warum dieser Junge? Warum dieses Mädel? Warum erleben die das? Tatsache ist, dass das nicht einfach wild gewürfelt wird und dass nicht der Herrgott daherkommt und sagt: „So, dem geben wir jetzt ein bisschen Karma, den lassen wir ein bisschen leiden." Das ist absurd.

Du hast hier etwas gewählt und manchmal denkst du, dass bei dir etwas ganz Großes passieren muss, dass du so in die Enge getrieben werden musst, sonst verstehst du es nicht. Wenn es nur so locker ist, dann bist du zu schlau, dann checkst du das nicht, dann machst du das nicht, dann veränderst du das nicht. Aber irgendwie, unbewusst, wartest du auf ein großes Ding, wo du nicht mehr aus kannst. Und damit liebäugelst du. Und das ist etwas, was du auf diese Art und Weise in dein Leben ziehst. Weil du sagst: „Nur dann, wenn ich nicht mehr aus kann, nicht mehr rechts noch links kann, dann werd ich das kapieren."

Deshalb wählt man auch hier etwas, was ziemlich eng ist, was ziemlich schwierig wird. Vielleicht eine Krankheit oder eine Beziehung, die schwierig ist, um den Kontrast zu finden. Dieser Mensch in Sibirien hat wirklich 30 Jahre damit verbracht, um da drin zu sein, um den Kontrast zu sehen. Das ist so was von göttlich gewesen, wie kein anderer Mensch das sehen kann. Wir haben andauernd Licht, aber wir sehen nichts Besonderes an dem Licht, weil wir auch nicht diesen Kontrast haben. Dieses Licht war für ihn, als wäre Gott beim Fenster herein gekommen. Das hat er beschrieben. Ich kann gar nicht sagen, mit welchen Worten er das beschrieben hat. In russischer Sprache. Unglaublich, unglaublich. Der hat mich mit seinen Worten richtig erwischt, weil in diesen Worten einfach diese Schönheit war. Und er hat das ausgedrückt. Das waren nicht nur Worte, das war sein Gefühl, das er gehabt hat und das ist auch so rüber gekommen. Das macht der Kontrast und du hast einen Kontrast hier gewählt.

Alles, was negativ ist auf dieser Welt, ist es aus einem einzigen Grund: Damit du erfahren kannst, wer du bist. Damit du erfahren kannst, welche Größe du hast, wie unglaublich du bist, wie groß Gott ist, was du und jeder einzelne von uns ist. Das ist der Grund, warum du hier bist. Wir gehen in eine Polarität, um das erfahren zu können. Das ist der einzige Grund.

Nicht, dass du hier Großes hinterlässt, das ist ein Irrtum. Du bist hier, um Erfahrungen zu machen, sonst gar nichts. Du hast deine Beziehungen, um Erfahrungen zu machen. Deswegen bist du da. Das heißt aber auch: Diese Menschen, wie Krishna zum Beispiel, oder diese Menschen, die in Indien oder in Lappland oder sonst wo auf die Welt kommen, wollen genau dort ihre Erfahrungen machen. Da gibt es eigene Vorstellungen bei diesen Völkern: Religionen, Sitten und Gebräuche usw. Dort kommst du dann zur Welt, um deine Erfahrungen zu machen. Wenn du die Erfahrungen zulässt, dann wirst du den Kontrast erfahren können. Und manche schaffen das, manche sehen in dieser Einengung die Möglichkeit und andere nicht. Andere verzweifeln daran. Es gibt Menschen, die das Schicksal meistern und andere, die an ihrem Schicksal verzweifeln.

Ich hab während meines Medizinstudiums einen Mann mit einer eisernen Lunge erlebt. Da kannst du dir nur alle zehn Finger ablecken, wenn du so etwas kannst wie der. Der hat mit den Schwestern blöde Witze gemacht. Da gab es keine Chance mehr, da konnte nichts mehr bewegt werden und er hat von der Schönheit des Lebens geredet und von diesem Augenblick. Das ist der Punkt. Kannst du das checken, dass du das gewählt hast oder bist du dann, wenn du da drin bist, verzweifelt und fühlst dich als Opfer. Oder nimmst du dein Leben in die Hand und fühlst dich nicht mehr als Opfer. Dann passiert etwas Unglaubliches.

Okay, gehen wir wieder zurück. Da ist jetzt jemand, den du anziehend findest. Diesen Menschen wirst du normalerweise irgendwie attraktiv finden oder du wirst etwas an ihm sehen, was in deinem Schatten liegt. Das heißt, das was bei diesem Mann schön ist, an dieser inneren Frau, das projizieren wir hinüber. Und das ist die Faszination, okay?

Sie wird diese männlichen schönen Eigenschaften, die sie in sich drinnen hat, von denen sie aber nichts weiß, weil sie diese Männlichkeit nicht in sich finden kann, nur drüben sehen. Sie wird sie draußen sehen und da kommt es zu dieser Faszination. Es beginnt ja immer mit einer Faszination. Das heißt, wenn du jemanden kennen lernst, wirst du in irgendeiner Weise fasziniert sein, denn sonst würdest du kein Bauchweh kriegen, sonst würdest du nicht nervös werden und dich etwas künstlich benehmen. Das zeigt schon, dass da drüben irgendetwas Faszinierendes ist.

Ich weiß, dass du das kennst. In manchen Situationen denkst du: Da kann ich ruhig in der abgerissenen Jeans mit dem Loch hinten herumlaufen, denn das ist ja nur der Nachbar. Aber dann kommt jemand anderer und du findest, dass der oder die aber gut aussieht. Dann rennst du schnell in dein Zimmer und ziehst dich um. Da willst du gut aussehen. Wieso? Du willst den ja gar nicht heiraten. Aber da ist eine Faszination und deswegen wirfst du dich in Schale und schaust, dass du dich von der besten Seite zeigst. Das ist bereits Faszination, auch wenn du jetzt nicht nervös herum sitzt. Das ist Faszination.

Wenn dein Blick ein bisschen länger irgendwo bleibt, gibt es eine Faszination. Da gefällt dir irgendetwas da drüben. Ein Blick, ein Busen oder was auch immer. Du bist fasziniert. Aber heutzutage ist es ja so, dass wir diese Faszination kaum noch merken. Da sitzt du in der Straßenbahn und jemand fasziniert dich und du schaust, dass du schnell wieder hinaus kommst. Hör mal, das ist eine unglaubliche Möglichkeit, die du gerade gehabt hast! Da ist Faszination! Dein System hat reagiert auf jemanden, der dir gegenüber sitzt. Das ist das Erste und Allerwichtigste.

Zuallererst musst du diese Faszination bemerken. Du musst die Signale in deinem Körper bemerken und sie auch zulassen. Aber das ist alles noch kein Gefühl. Wir tun das oft weg. Das Wichtigste ist, dass du das einmal bemerkst. Denn da könntest du jetzt etwas sehen. Denn was dich fasziniert, ist deine eigene Eigenschaft. Aber das kriegen wir natürlich nicht gleich mit.

Und wenn man verliebt ist – verliebt sein heißt Faszination – dann ist das ein Zeichen, dass du voll projizierst. Klar? Also, wenn du etwas überbewertest. Zum Beispiel: Da ist ein toller Mann, ein Gott! Ja, Wahnsinn! Und die hat eine Figur, da könntest du sterben dafür! Meine Frau würde ich für die glatt stehen lassen, denn so eine Figur finde ich nie mehr in meinem Leben. Und die will noch dazu mit mir! Das ist Faszination.

Du projizierst das, was in dir ist, hinüber und siehst jetzt außerhalb von dir jemanden mit diesen tollen Eigenschaften. Das ist deine eigene Projektion, aber das weißt du natürlich nicht. Deshalb überbewertest du diesen Menschen. Und wenn man verliebt ist, siehst du Sachen, die es gar nicht gibt. Die sind gar nicht da, aber du siehst sie so!

Dann lernt man sich kennen, dann sitzt man sich gegenüber und sagt: "Conny, ich weiß nicht, aber du kommst mir so bekannt vor. Ich glaube, wir kennen uns schon. Ich fühle dich, ich kenne dich, ich kenne dich da drinnen, ich weiß, was du fühlst." Und wenn man ein bisschen esoterisch angehaucht ist, sagt man: „Ich glaub, wir kennen uns aus einem Vorleben.“ Ist doch klar, dass du den Teil kennst oder nicht? Das bist du!

Und jetzt schau bitte genau hin, wie bescheuert das läuft. Das bist du! Du nimmst jetzt deinen Teil, projizierst ihn rüber und sagst jetzt: „Ich weiß nicht, aber du kommst mir so bekannt vor“. Ist das nicht bescheuert? Du nimmst den Teil in dir drinnen, projizierst ihn rüber und denkst, das muss ein Held sein. Der hat schon etwas damit zu tun. Er schaut dir ein bisschen ähnlich, macht diese Bewegungen, hat diese Gefühle und auch diese Offenheit. Durch diese Signale bist du wie ferngesteuert. Aber du projizierst das nur hinüber und sagst: DU BIST ES!

Jetzt fängt die echte Kacke an. Was passiert jetzt? Er projiziert, sie projiziert. Sie projiziert ihren Mann rüber, er projiziert seine Frau rüber. Und jetzt erwartest du natürlich, dass dieser Mensch, den du da drüben siehst, das jetzt auch ist. Aber sie ist das ja nicht! Das ist eine ganz normale Frau! ...aber er sieht einen lieben, gütigen Menschen. Wenn die dann das erste Mal austickt, dann ist er tief enttäuscht von ihr, weil das mit dem Bild von dieser gütigen Frau nicht übereinstimmt. Und er fragt sich: Was ist mit meiner lieben Frau passiert? Die schreit hysterisch, haut die Tassen durch die Gegend, was ist in sie gefahren?

Die war immer schon so, nur damals, als er sie kennen gelernt hat, hat sie sich bei ihm so angelehnt und er dachte: Ach, ist die lieb! Er hat die Fee in sie hinein projiziert. Diese liebe, die sich immer anlehnt, die will er sehen. Und jetzt schmeißt sie mit Tassen. Die war nicht die Fee, er hat sie zur Fee gemacht. Sie hat ihn zu ihrem Helden, zu dem starken Mann, zum besonnenen, zum vernünftigen, zum immer die Übersicht habenden Mann gemacht. Er hat sie zu der hingebungsvollen, der gütigen, der immer fröhlichen, kindlichen Frau gemacht.

Es brauchen nur ein paar Signale zu sein, dann sagst du: „Hey schau, wie sie dreinschaut, schau was sie sagt. Das muss sie sein!“ Du hast einen wildfremden Menschen dazu gemacht! Und jetzt hast du die Erwartung, dass sie das, was in dir drinnen ist, erfüllt. Du wirst enttäuscht werden, denn du hast jetzt nicht diesen Menschen vor dir, sondern einen anderen. Und aus der Ecke kommt die Enttäuschung. Aus der Ecke kommt dann das, was du zuerst rüber getan hast, nämlich „Du bist die Größte von allen, du bist einfach unglaublich.“ Du hast ihr soviel Lametta umgehängt und das bröckelt jetzt ab. Denn wenn sie ein paar Mal mit den Tassen geschmissen hat, wenn sie sich irgendwann nicht mehr anlehnt bei dir, dann fragst du dich, wer das ist. Dann kommen die Menschen zur Beratung und sagen: „Ich kenne diesen Menschen überhaupt nicht. Der hat überhaupt nichts mit mir zu tun. Ich weiß nicht, was das für ein komischer Typ ist, mit dem ich da verheiratet bin.“ Die Projektion hört auf oder du bist enttäuscht, weil die Projektion nicht gehalten werden kann.

Wisst ihr, was das Schlimmste bei der Sache ist? Wenn nämlich einer rüber projiziert und sagt: „Mein Gott, du hast so ein gutes Herz und du bist so ein ehrlicher Mensch“, dann wird sie sich – wenn er doch meint, dass sie so ehrlich ist – bemühen, so ein ehrlicher Mensch zu sein. Sie versucht das um der Liebe willen. Okay, dann bin ich das halt für dich.

Und wenn sie sagt: Du bist so ein starker Typ, du weißt immer, was du willst, er aber gar nicht weiß, was er will, wird er jetzt versuchen, stark aufzutreten. Das sind die Täuschungen, die wir dann vornehmen, damit diese Liebe erhalten bleibt.

So, jetzt müssen wir uns nochmal anstrengen: Die Liebe findet überhaupt nicht hier statt. Wisst ihr, wo die Liebe statt findet? In dem Moment, wo du diesen Partner siehst und hinüber projizierst, ist dein Herz total offen für diesen Partner. Das bedeutet aber, dass, wenn du jetzt offen für diesen Partner bist, die Liebe da ist. Das ist die Liebe, die er empfindet. Das ist die Liebe, die sie empfindet. Man sieht aber nicht den eigenen inneren Teil, sondern den da drüben und man sagt: „Ich bin so verliebt in dich. Ich liebe dich über alles“. Das passiert dann, wenn das Herz offen ist. Jetzt geschieht aber Folgendes: Dieser Partner, den du da rüber projiziert hast, kann diesen Erwartungen mit der Zeit nicht mehr entsprechen. Er versucht es einige Zeit, aber man kann sich nicht 15 Jahre lang verstellen. Irgendwann einmal kommt es heraus. Es kommt heraus, wie du wirklich bist und dann kommt die Enttäuschung. Und wenn die Enttäuschung kommt, dann machst du das Herz zu. Und das ist das Phänomen. In dem Moment, wo er das Herz verschließt, verschließt auch sie das Herz und das bedeutet, dass diese Liebe immer kleiner wird. Sie wird immer kleiner, bis sie irgendwann einmal versiegt. Und dann sagt man zum anderen: „Ich glaube, ich liebe dich nicht mehr. Die Liebe ist halt irgendwie verschwunden. Ich weiß nicht, was es ist, aber du hast dich auch als ein Mensch entpuppt, den ich gar nicht lieben kann. Es ist nicht das, was ich wollte. Du hast dich so verändert.“ Nein, er hat sich gar nicht verändert! Du hast ihn von Haus aus zu einem Menschen gemacht, der er gar nicht ist! Du siehst in diesem Partner etwas, was er nicht ist. Erst wenn du das erste Mal diese Projektionen zurücknehmen kannst, siehst du diesen Menschen so, wie er ist.

In meinen Seminaren machen wir dazu Übungen, wo wir diese Projektionen zurück nehmen, wo du sehen wirst, dass es gar nicht so schlimm ist, was da passiert. Du selber wirst diese Erfahrung machen und wirst sehen, dass das alles Projektionen sind und dann wirst du sagen: "Mein Gott, wenn ich das gewusst hätte! Wenn ich das in meiner letzten oder vorletzten Beziehung gewusst hätte, dann wäre das gut gegangen!“ Es ist deshalb nicht gut gegangen, weil die Enttäuschung da war, dass der andere nicht so ist, wie du dir das vorgestellt hast, nicht das ist, was du in ihm sehen wolltest. Und deswegen hast du dich zurückgezogen, deswegen hast du dich verschlossen und deswegen hat es nicht mehr funktioniert. Und du kennst ja das Phänomen. Wenn der eine zumacht, macht der andere auch zu und das ist verletzend auf der ganzen Linie. Verletzung, Verletzung... Das ist jetzt ein bisschen Theorie, aber schauen wir uns das mal an. Wenn diese beiden in Harmonie sind, dann ist hier Liebe. Das heißt, da ist Offenheit für dich selber da. Und wenn diese Liebe da ist, dann handelst du aus dieser Liebe heraus. Das heißt, hier sind zwei Menschen, die voll, die ganz sind, weil sie so eine Beziehung leben. Wenn das aber nicht stattfindet, dann haben wir hier zwei leere Typen, die sind beide nur halb und versuchen das gegenseitig aufzufüllen, was mit vielen, vielen Erwartungen zu tun hat, die der andere erfüllen soll, damit du voll wirst. Das sind zwei Bettler, die voneinander Liebe haben wollen. Ihr wisst selber, was es bedeutet, wenn der Partner sagt: „Jetzt hast du wieder jemanden angeschaut“ und „Wo warst du gestern?“ und „Warum kommst du so spät ins Bett? Jetzt bin ich müde.“ Der andere wird zu machen, wird sich verschließen. Dann will sie wieder wissen, warum er zu macht und so geht das Spiel hin und her.

Das heißt, dass das nicht funktionieren kann. Das sind zwei leere Gefäße. Es gibt da so ein interessantes Zeichen: die ineinander verschlungenen Eheringe. Fühlt euch jetzt nicht auf den Schlips getreten, wenn ihr verheiratet seid - das ist nur ein Witz. Es ist so, als würde man sagen: Zwei Nullen vereinigen sich, damit sie mehr sind als null.

Null plus null ist etwas, aber null bleibt null und wenn du zwei Nullen zusammen tust, wird nicht mehr draus.

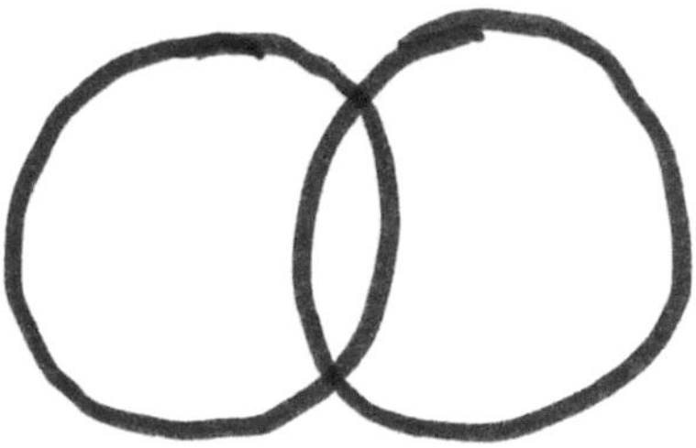

Null plus Null bleibt Null

Wir haben nur das Bewusstsein der einen Seite und wenn hier eine Null ist, habe ich echt das Gefühl, ich bin bereichert, wenn dieser Mensch in meinem Leben ist. Aber das passiert nicht durch den da drüben, sondern du wirst durch diese Seite in dir bereichert! Verstehen wir das? Das ist das, was dich bereichert! Deshalb bist du vor dem Altar so verliebt. Deshalb sagst du „Gell Karli, uns wird das nicht passieren! Wir wissen das! Diese Liebe kann man nicht in Frage stellen, ich weiß das! Ich werde dich immer lieben und es kann nichts passieren, was das kaputt machen kann!“ Du bist deshalb so überzeugt, weil es tatsächlich so ist! Du bist offen, hast dein Herz offen. Du glaubst zwar, es ist da drüben, aber es bewirkt eine Öffnung in dir drinnen. Das ist dein wirklicher Partner. Und weil das dein Partner ist, fühlst du diese Liebe und du weißt ganz genau, dass die niemals vergehen kann, niemals. Aber durch die Projektionen, dadurch, dass du den anderen zu etwas machst, was er nicht ist, gibt es Enttäuschungen, gibt es Verletzungen und diese Liebe hier – du glaubst, dass es Liebe ist – wird verletzt werden. Du wirst zumachen und damit verlierst du diese Liebe. Und nach sieben oder zwölf Jahren oder wann auch immer, wirst du dich fragen, wo die Liebe hingekommen ist. Die muss irgendwo verloren gegangen sein. Es tut im Herzen weh, aber du weißt nicht, wie du das noch retten kannst.

Wir hoffen natürlich immer, dass wir eines Tages den Partner treffen, der genau die Eigenschaften von meinem verdrängten Teil hat, der der Seelenpartner ist. Aber das hat einen Haken. Ich hab das auch immer geglaubt! Die da drüben hat alle Eigenschaften, die ich brauche, die ich haben will.

Ich weiß nicht, ob euch das schon mal aufgefallen ist: Du projizierst natürlich, aber du sagst auch: Das ist sie auch, das ist sie auch! Sie ist einfach diese Güte, sie ist das. Und jetzt projizierst du das rüber. Sie hat einfach diese Güte, die dir eigentlich fehlt. Du bist ja nicht so gütig. Aber da drüben ist sie und es ist so schön, dass sie das hat. Und sie ist so ein offener Mensch – du bist nicht so offen. Aber es freut dich, wenn du siehst: Hey, meine Frau oder mein Partner hat das Herz am rechten Fleck. Ich kann dir eines sagen: Eines Tages geht dir genau diese Eigenschaft auf die Nerven. Du projizierst das rüber. Du siehst da drüben einen starken Mann und das ist wirklich ein starker Mann und du brauchst einen starken Mann, damit er sagt: „Komm wir machen das und ich hab das schon organisiert." Das gefällt dir total. Der hat das schon längst gemacht, bevor du auch nur einmal dran gedacht hast. So, jetzt hast du einen lebenden Mann, der dir jeden Wunsch von den Augen abliest und der das auch sofort umsetzt. Aber eines Tages wirst du sagen: Bitte, bitte, ich will gar nicht, dass du alles machst. Ich hab es noch nicht einmal gedacht, ich hab noch gar nicht ausgesprochen, dass ich ein bestimmtes Kleid möchte, da bist du schon runter gegangen und hast es von der Garage aus sofort bestellt". Und dann geht ihr einkaufen und geht bei diesem Geschäft vorbei und die Verkäuferin sagt: „Hier ist ihr Kleid." Und du bist total überrascht. Das freut dich eine Zeit lang, aber irgendwann fasst du dir an den Kopf. Warum fasst du dir an den Kopf? Das ist doch alles, was du wolltest. Aber es ist außerhalb von dir.

Wenn die Schönheit außerhalb von dir ist, bist du zwar fasziniert, aber das macht dich abhängig. Du hast zwar diesen Menschen, der das hat, aber es macht dich abhängig. Die Schönheit ist nicht in dir drinnen. Wenn diese Schönheit da drüben ist, ist es dir nicht bewusst, dass du das bist, auch wenn dieser Mensch noch so perfekt ist. Schönheit ist es erst wirklich dann, wenn du das, was da drüben ist, als dein Eigenes erkennen kannst. Das gilt im positiven, wie auch im negativen Sinn. Also, das Positive ist die Schönheit, die tollen Eigenschaften, das, was du faszinierend findest. Doch dann sind aber auch die negativen Dinge da, die man aber am anderen nicht so mag. Und das sind oft kleine Sachen: Wenn er einfach nicht pünktlich kommt, wenn ihr wegfahren wollt oder immer soviel redet, wenn ihr wo zu Besuch seid oder wenn er immer so schleimt.

Das bleibt da drüben. Es wird erst befriedigend, wenn du diese Eigenschaft zurück nimmst. Wenn du dein Schleimen bei dir erkennst und wenn du diese Schönheit bei dir siehst. Wenn du dieses Kind bei dir siehst, wenn du diese Stärke bei dir siehst, wenn du diesen Lebensernst bei dir siehst. Wenn es drüben bleibt, ist es auf lange Sicht nicht befriedigend, weil es außerhalb von dir ist. Wenn du eine Frau faszinierend findest, ist es gut zu schauen, was dir an ihr so gefällt. Das heißt, du hast ganz bestimmte Vorgaben. Sie sollte eher schlank sein oder breite Hüften und einen großen Busen oder einen knackigen Hintern haben usw. Was bedeutet denn schön? Es gibt ja in Afrika z.B. ein ganz anderes Schönheitsideal. Was ist denn schön? Das ist total wichtig, dass ihr euch das zugesteht. Was ist denn diese Faszination? Damit du sehen kannst, dass hinter einer Figur auch noch etwas Anderes versteckt ist. Hinter der Schönheit vermutest du vielleicht, dass das jemand ist, der auch Charakter hat. Wie kann jemand so eine schöne Figur haben? Das ist einfach ein durchscheinender Mensch, jemand der transparent ist, der dich hinein lässt. Wir haben dahinter Gefühle versteckt, warum uns etwas gefällt. Das macht es so spannend. Dann kannst du nämlich sehen, dass du nicht durchscheinend, sondern ziemlich kompakt bist. Wenn du dann in den Spiegel schaust, dann ärgert dich, dass du so kompakt bist. Aber der andere ist durchscheinend, er ist transparent, er ist verfügbar. Das fasziniert dich. Jetzt könntest du doch glatt an diesem Menschen da drüben sehen und erkennen, dass du das auch verfügbar hast. Du musst das haben. Deine innere Frau muss das auch haben. Und jetzt nimmst du das zurück und fühlst es in deinem Körper. Fühlst das in dir, was du bei deinem Partner fühlst. Du fühlst ihn in dir. Und in dem Moment denkt man auch, dass man sich miteinander verbindet. Die Verbindung findet aber in dir statt, weil du ihn rein nimmst. Weil du das, was du da drüben fühlst, plötzlich als deine Eigenschaft siehst. Und damit verbindest du dich wirklich. Das heißt, jetzt wird es echt befriedigend. Und dann sagst du zu deinem Partner: "Danke, dass du in meinem Leben bist, dass ich mich durch dich selber finden kann."

Ich kann mich erinnern, dass wir viele Jahre lang auf unsere Weihnachtskarten geschrieben haben: Fröhliche Weihnachten und danke, dass du wieder ein Jahr mit mir gelebt hast und dass du mich an mich selbst erinnerst. Und diese Dankbarkeit ist eine so unglaubliche Liebe und diese Liebe kommt aus dir – es kommt aus deiner

Fülle. Es ist nicht eine Liebe, die sagt: „Bitte gib mir was, ich brauch was." Weil du das durch deinen Partner zurück genommen hast, bist du gewachsen, bist du groß geworden und wirst permanent größer. Durch ihn kannst du das sehen, was du ausgelagert, was du in deinem Unterbewusstsein, in deinem Schatten hast. Durch ihn konntest du sehen, wer du wirklich bist. „Ich konnte meine Schönheit, meine Liebe, meine Ehrlichkeit sehen und ich konnte auch meinen Schmerz sehen. Ich konnte meine Wertlosigkeit sehen. Deine Wertlosigkeit ist meine Wertlosigkeit. Danke, dass du mich an mich erinnerst."

Da kannst du dir vorstellen, dass so eine Beziehung von Tag zu Tag schöner wird, weil du jeden Tag durch den anderen voller wirst. Danke, dass es dich gibt. Und das ist etwas völlig Anderes als ich brauche dich und jetzt brauch ich das und ich krieg es aber nicht und du bist das gar nicht und warum machst du das so. Das sind alles Projektionen. Nimmst du sie zurück, dann hast du ein unglaublich befriedigendes Leben, denn über die Beziehung passiert das, worum es eigentlich geht. Ihr habt ein Leben da draußen und dieses Leben muss erkannt werden als Deins. Deswegen sind wir hier. Es ist alles Deins. Wenn das erkannt wird, dann wirst du völlig erfüllt durch dieses Leben gehen. Dann stehst du in der Früh auf und schaust in den Spiegel und da sind Tränen. Tränen, dass du lebst. Tränen, dass du diese Gelegenheit hier hast. Das ist unglaublich schön.

Es kann aber auch möglich sein, selbst wenn man sich das bewusst anschaut, aber einen Partner hat, mit dem es zum Beispiel nicht so passt und der da auch nicht mitmacht, diese Partnerschaft aufrecht zu erhalten. Das wäre grundsätzlich vom Konzept her immer möglich. Wenn ich zu wenig Mut habe, mich zu trennen, ist das eine perfekte Ausrede. Es gibt aber auch Beziehungen – und da bin ich fest davon überzeugt – die getrennt gehören. Ich war selber in so einer Beziehung und ich bin davon überzeugt, dass die getrennt werden musste. Da waren wir beide davon überzeugt. Es hat sich aber auch einfach nur Schönes daraus ergeben. Es hat sich so viel in mir bereichert, das war unglaublich.

Nach diesem Konzept könnte jetzt jeder heimgehen und sagen: „Gut, dann mach ich jetzt in mir weiter und dann kann ich ein Konzept und eine gute Ausrede daraus machen.“ Ja, das kannst du machen. Doch worum geht es eigentlich? Der Punkt ist, dass du durch den anderen wachsen kannst. Wenn du durch den anderen wächst, dann ist es perfekt. Wenn das mit dem anderen aber nur noch ein Theater ist, wenn du das in dir nicht sehen kannst, dann habt ihr irgendwann einen Rosenkrieg und das macht euch so fertig, dass kein Wachstum, dass nichts mehr möglich ist. Im Gegenteil, es ist nur noch Hass da, nur mehr Blockade, nur mehr Depression. Die Spirale geht nur mehr nach unten.

Es heißt aber nicht, dass du mit dem nächsten Partner dieselben Probleme hast. Es kommt drauf an, was du gelernt hast. Du gehst in einer Partnerschaft von einem Status quo aus, von dem du den nächsten Partner wählst. Wenn du dann mit diesem Partner 10 Jahre gelebt hast, ist in diesen zehn Jahren bei dir eine Menge passiert und es kann sein, dass dein nächster Partner durch diese Erkenntnisse, die du in diesen zehn Jahren gewonnen hast, ein anderer geworden ist. Es kann aber auch sein, dass in diesen zehn Jahren nichts bei dir passiert ist. Dann ist der nächste Partner die Potenzierung von deinem vorherigen und dann sagt man sich: Es kommt nichts Besseres nach. Stimmt. Aber es hängt nur von deinem Bewusstsein ab. Natürlich kannst du das – alles kann man – als Ausrede nehmen, aber es hängt davon ab, wie sehr du bewusst wirst, wie sehr das Leben in dieser Partnerschaft ein Wachstumsprozess ist. Ist er es nicht und besteht keine Aussicht, dass er das werden kann, muss man sich trennen. Das macht dann keinen Sinn mehr. Wenn du mit einem Partner wachsen kannst, das heißt, dass du dir diese Dinge anschaust und es geht, dann wird das funktionieren. Zu 100%!

Ich hab mir oft gedacht, mein Gott, es tut mir so leid, dass diese früheren Partnerschaften, wo der andere auch ein schöner Mensch war, irgendwie nicht funktioniert haben. Mit diesem Wissen kann ich heute sagen, dass es möglich gewesen wäre. Das tat mir dann ein bisschen leid, aber damals ist es nicht gegangen, damals wäre es unmöglich gewesen. Diese Trennung ist dann wirklich eine Erlösung, ein Neuanfang. Aber ein Neuanfang kann wirklich nur sein, wenn du Bewusstsein hast. Du kannst nicht einfach so nur durch einen neuen Partner anfangen. Wenn du nichts gelernt, nichts begriffen hast, wird der Neuanfang zum selben Ergebnis führen wie der damalige Neuanfang.

Wenn du aber begriffen hast, wenn etwas passiert ist in dir und du mehr auf dich und deine Geschichten schaust, dann kann etwas Anderes geschehen. Es ist immer nur das Bewusstsein, das etwas verändern wird! Dein Partner wird merken, dass sich etwas verändert hat, auch wenn du nichts sagst. Stell dir mal vor, du projizierst auf deinen Partner permanent, dass er unzuverlässig ist, ein Hallodri ist, der alles andere im Kopf hat, nur dich nicht. Wenn dir aber klar geworden ist, dass das, was du da drüben siehst, möglicherweise deine eigene Geschichte ist, dass da etwas Unzuverlässiges in dir ist, du dich aber gar nicht wirklich einlässt, sondern eigentlich nur so tust als ob, wird sich nichts ändern.

Nimmst du das aber zurück, entsteht im selben Moment etwas Einmaliges. Es entsteht so etwas Ähnliches wie Liebe. Du gehst durch den Schmerz durch, dein Herz öffnet sich sofort, und auf einmal ist die Liebe zu diesem Partner wieder da. Jetzt stell dir vor, du kommst heim und hast nicht mehr diese Einstellung, dass er ein Hallodri ist, dass man sich auf ihn nicht verlassen kann, sondern du kommst heim und begrüßt ihn, und dein Herz wird etwas Anderes machen. Du wirst eine andere Frequenz, eine andere Energie haben. Er kennt sich zwar jetzt überhaupt nicht aus mit dir, aber er wird es merken. Ich sag es dir zu hundert Prozent, er wird es merken. Er wird vielleicht auf seine Art reagieren, wird es vielleicht nicht glauben können, aber das ist ja jetzt nicht mehr deine Geschichte. Du hast Deins gemacht, und was er jetzt damit macht, das wissen wir nicht. Es kann sein, dass er lernt, dass er begreift, dass er auch will oder es kann sein, dass du ihm suspekt wirst. Das kann auch sein, das wissen wir nicht. Es kann auch sein, dass du, trotzdem dir das alles bewusst ist und in vielen Fällen auch funktioniert, es Eigenschaften gibt, die du drüben siehst, aber in dir nicht finden kannst. Zum Beispiel: Humor. Du weißt ja schon, dass dieser Humor auch in dir ist, aber da du nicht mit jedem Mann lachen kannst, glaubst du, du bist doch vom Humor da drüben abhängig. Der Punkt ist nicht, zu wissen, dass du diesen Humor auch hast.

Du musst heraus finden, was es genau ist. Es ist gar nicht so sehr die Fröhlichkeit. Es ist viel mehr die Leichtigkeit des Lebens. Ich sag das jetzt einfach mal so. Ich erlaube dieser Leichtigkeit jetzt, in meinem Leben Fuß zu fassen, sich auszubreiten und da zu sein. Dann spürst du diese Leichtigkeit: Hey, das Leben ist simpel und dann hüpfst du da in der Gegend herum und sagst: „Hey, wow!“

Und in dem Moment hast du sie integriert. In dem Moment fühlst du es. Es reicht nicht, dass du weißt, dass du es hast. Es geht darum, dass du es fühlst.

Erst wenn du es fühlst, integrierst du es in dein Leben. Denn bis jetzt hast du natürlich die Leichtigkeit, den Humor, die Gaudi immer außerhalb von dir gesehen und das macht dich abhängig. Da fängst du dann an zu klammern. Ihr kennt diese ganzen Mechanismen, wo man festhält, wo man Kompromisse macht und sich ärgert, dass man sie macht. Er will zum Fußball gehen und dann geh ich halt mit. Na klar, ich will ja nicht, dass er mir wegläuft oder ich habe dann vielleicht einen traurigen Partner daheim. Ich will schon einen fröhlichen daheim haben.

Wir müssen also diesen verborgenen Teil in uns kennen lernen. Wenn der integriert ist, müsste der eigentlich im Außen auf dich zukommen, oder? Ja, das kann sein. Es kann aber auch sein, dass du einfach rund bist mit dieser Sache. Aber wahrscheinlich wird sich das dann in deinem Leben zeigen. Wenn du in einer Fröhlichkeit und in einem "Ich freue mich über das Leben" bist, dann wirst du nicht einen depressiven Mann anziehen, hundertprozentig nicht. Das gleiche gilt auch für Freunde, Verwandte, Bürokolleginnen, Chefs. Nur weißt du, wenn eine Freundin dich verletzt, gehst du halt nicht mehr hin, aber beim Ehepartner ist das nicht so einfach. Wenn der Ober dir den Kaffee ins Genick schüttet, gehst du eben in ein anderes Lokal. Wenn der Partner das tut, dann verletzt dich das, aber da läufst du nicht einfach weg. Das ist der Unterschied. Da hast du eine sexuelle Beziehung, da hast du ein gemeinsames Haus, da hast du ein gemeinsames Leben miteinander und das schmeißt du jetzt nicht wegen irgendeiner Sache einfach so hin.

5. Du kreierst dein Leben zu 100%

Deine Frequenz entscheidet, was in deinem Leben stattfindet

Dass jeder Mensch für die Beziehung, in der er gerade ist, aber auch für die vergangenen, verantwortlich ist – und zwar 100%, nicht 50% du und 50% der Partner – gefällt uns nicht so gut. Deshalb möchte ich das noch ein bisschen genauer durchleuchten.

Nehmen wir als Beispiel, dass eine Frau das Gefühl hat, dass Männer ihr die Luft zum Atmen nehmen, sie benutzen. Das ist das Misstrauen, mit dem sie einen Mann sucht. Sie glaubt, dass ein Mann auftaucht, der sie benutzt. Das ist das, was sie glaubt, aber nicht das, was ist. Das, was ist, ist, dass nur dann ein Mann in ihr Leben kommen kann, der sie benutzt, wenn sie auch diese Frequenz hat. Ein anderer kommt gar nicht zu ihr, den zieht sie nicht an, auf den wird sie gar nicht reagieren. Das heißt, sowohl das Misstrauen, als auch die Faszination ruft jemanden in ihr Leben. Die Faszination ist auf der positiven Seite, das Schöne, das Tolle da drüben. Das Misstrauen ist auf der negativen Seite. Da benutzt mich jemand, da unterdrückt mich jemand, da lässt mich jemand nicht leben und da engt mich jemand ein. Das sind die Ängste, die wir haben. Durch diese Ängste, durch dieses Misstrauen, das wir haben und sehr wohl im Außen kennen gelernt haben, ziehen wir das an. Das ist die Illusion. Du glaubst tatsächlich, dass das von außen gekommen ist. Es ist nie etwas von außen gekommen. Ohne dein Zutun passiert in dieser Schöpfung null – absolut nichts.

Das sind jetzt große Worte, aber ohne dein Zutun passiert absolut nichts. Das heißt, es muss eine Frequenz in dir aktiviert werden, damit das geschehen kann. Oder glaubst du, irgendwo im Weltall oder bei den Plejaden sitzt ein Herr mit einem langen, weißen Bart,

...glaubst du das ernsthaft? Das sind Kindermärchen, das ist lächerlich. Welche Idee soll der denn haben? Denkst du, der hat Spaß, wenn Menschen leiden. Denkst du, der hat seine Gaudi wenn er sich denkt: „Na dem geben wir nur ein Bein. Ach schau, wie der rennt!" Glaubst du, dass das so ist? Und glaubst du, dass es so ist, wenn jemand viel betet und den verehrt, dass er ihm dann ein bisschen Gnade runter regnen lässt? Glaubst du das? Wenn du das glaubst, dann befindest du dich im Säuglingsalter, wo wir an Märchen glauben. Ich kenne das von mir, wie tief das verankert ist. Das mit der Religion ist so tief drin, dass wir tatsächlich daran glauben, weil man uns gesagt hat: „Du musst brav sein, dann kommt das Christkind." Wenn sich die Eltern nicht mehr zu helfen wussten, dann holten sie das Christkind. Meine Mutter hat gesagt, dass das Christkind auch unter die Decke sieht. Jetzt war ich natürlich gelackmeiert. Jetzt konnte ich nicht einmal mehr ungeniert onanieren. Na super!

So, hör mal: Ohne dein Zutun, ohne deine Energie, ohne deine Aktivierung, passiert nichts in diesem Universum. Das, was in dein Leben kommt, hat hundert Prozent mit dir zu tun. Das heißt, deine Befürchtung, die du hast, dein Schmerz, den du dir ausgesucht hast, wird eine Frequenz haben und du wirst Menschen in dein Leben ziehen, die dir das servieren werden. Wenn du in dir eine Schönheit hast, die du nicht sehen kannst, dann wird dir da draußen jemand gefallen, der schön ist. Das wirst du rüber projizieren. Du wirst in dieser Mühle, in dieser Illusion, gefangen sein. Die Illusion dient dazu, dass du erkennen kannst: „Hey, diese Schönheit ist in mir! Wow!" Doch du hast nur die Idee, dass du ein furchtbarer Mensch bist. Aber da ist auch eine Schönheit.

„Danke, dass du mir meine Schönheit zeigst!" Dadurch wirst du ganz. Dieses Ganz-Sein heißt, dass du erkannt hast, wer du bist.

Das ist das nach Hause kommen. Und das nach Hause kommen ist nicht irgendwo, wo du hin musst. Es bedeutet, den zweiten Pol in dir zu entdecken, den zweiten Pol, den du nicht haben willst, ob das jetzt etwas Schönes oder etwas Hässliches ist, ob das etwas Negatives oder etwas Positives ist, ist völlig egal.

Manche verdecken zum Beispiel ihre Fülle. Da ist zum Beispiel so ein Armutsbewusstsein in ihnen und sie erklären, dass sie immer ausgenützt werden. Den Reichtum, den sie verfügbar haben, den Wert, die Würde, die sie haben, dass ihnen alles zusteht, was sie haben, das ist im Schatten. Sie leben diesen bewussten Teil, aber den Schattenteil kennen sie gar nicht. Wenn du aber einen Partner hast, der großzügig ist und du bewunderst das, dann musst du diese Großzügigkeit auch in dir haben. Und das macht dich ganz. Das macht dich ganz, egal, ob positiv oder negativ. Oder das Misstrauen, das du hast: Ihr wisst, wenn man ein paar Beziehungen hatte, hat man ein gewisses Misstrauen. Man denkt sich: „Ach, ich weiß nicht, wenn das wieder so wird, muss ich mehr aufpassen." Was glaubst du, was du ausstrahlst? Da hast du eine Frequenz von „Da wird mich wieder einer aufs Kreuz legen und dann ist er dahin – na super. Ich habe da schon so meine Befürchtungen." Oder du sagst dem Typen: „Du, so geht das bei mir nicht." Du strahlst das schon aus. Aber der nächste, der zur Tür herein kommt, macht genau das. Und dann heißt es: „Ich hab's gewusst. Ich bin ja schon ein bisschen spirituell, ich fühle ja die Dinge." Das hat nichts mit Spiritualität zu tun. Du kreierst etwas und das kommt in dein Leben, das ist alles. „Ich hab gewusst, dass der so einer ist". Na klar hast du das gewusst, du hast es ja auch ausgesendet. Na klar weißt du, dass das so einer ist. Aber nicht, weil du spirituell bist, nicht, weil du so eine unglaubliche Intuition hast, sondern weil das dein Innerstes ist. Du hast das ausgestrahlt und aus diesem Grund kommt es in dein Leben. Wenn du dauernd Ängste hast, dann kommen diese

Ängste in dein Leben und wenn du Fülle hast, dann kommt diese Fülle in dein Leben und wenn du sagst, es steht dir nicht zu, dann kommt „es steht dir nicht zu“ auf dich zu und dann kannst du grad noch überleben. Es gibt aber auch die andere Variante, dass zum Beispiel jemand leichtgläubig und voller Illusionen ist und ständig auf jemanden reinfällt. Dann passiert es, dass man manchmal auf die Nase fällt und weil man das satt hat, kauft man sich ein Buch von einem Positiv-Denker, von Murphy zum Beispiel oder von irgend einem anderen und sagt: „Ach, immer auf die Nase fallen, das mag ich jetzt nicht mehr. Ich glaube an das Gute, ich glaube an das Gute im Menschen und ihr werdet mir nichts tun. Ihr seid alles nette Männer, alles sehr nette Männer. Ich kenne nur nette Männer. Ich kenne nur nette Männer und ich bin ein Traumtyp“ Und dann schaust du in den Spiegel und sagst dir „Ich bin ein Traumtyp, ich bin ein Traumtyp, ich bin ein Traumtyp.“ Worauf du aber sehr achten musst, ist dieses kleine Männchen, das da rechts auf deiner Schulter sitzt und sagt: „Bitte schau mal in den Spiegel“. Das heißt, dass man manchmal diesen Glauben übertreibt. Das ist ein bisschen kindisch.

Es geht nicht darum, dass du glaubst, dass es nur gute Menschen rundherum gibt. Das ist Blödsinn. Es geht darum, dass du in dir dieses Gute verwirklichst. Dann wirst du solche Menschen in dein Leben ziehen. Du sagst: „Ich will, dass es mir gut geht, ich will, dass die Menschen zu mir ehrlich sind, denn es gibt ja nur ehrliche Menschen, wirklich, es gibt nur ehrliche Menschen. Ich will, dass die Menschen ehrlich sind". Aber innerlich, tief in deinem Unterbewusstsein, glaubst du, dass du belogen, betrogen und ausgenutzt wirst. Eines ist sicher: Wenn in deinem Leben etwas passiert, in deinem Umfeld, in deiner Familie, mit deinen Geschäftspartnern und du kriegst mit einem Mal eine auf den Deckel, dann hast du hundert Prozent damit zu tun. 100%. Das heißt, du musst hier etwas aussenden, was das in dein Leben ruft. Das ist den meisten aber nicht immer bewusst.

Zum Beispiel: Es kompensiert ein Mensch seine Angst, dass er irgendwie nicht okay mit Geben ist. Der hat das Rot-Kreuz-Kapperl auf wie Mutter Theresa und verteilt immer alles und hilft hier und hilft dort. Damit kompensiert er seine Unzulänglichkeit. Aber diese Unzulänglichkeit wird in sein Leben kommen, da kannst du Gift drauf nehmen. Doch dann werden die, zu denen er so gut ist, auf einmal den Spieß umdrehen und ihm eine draufhauen. „Ich strahle nur Gutes aus, ich bin ein guter Mensch, ich helfe allen und dann das! Ja, wieso dann das?"

Da muss man sich sofort bei der Nase nehmen. Es passiert in deinem Leben nichts, mit dem du nicht etwas zu tun hast. Und nun wollen manche Menschen wissen: Ja, wo stehe ich denn jetzt eigentlich? Bitte schau in deiner Umgebung, dann weißt du es. Schau in deiner Umgebung, schau in deiner Beziehung, schau, wie du mit den Dingen umgehst. Schau, wie viele Freunde du hast, schau wie du arbeitest, wie du hinter Dingen her rennst, was auch immer.

Das wird dir zeigen, wo du stehst – ganz einfach. Und wenn du dann einen Angestellten hast, der stiehlt und der betrügt, dann hat das was mit dir zu tun, absolut. Denn wieso ist der bei dir angestellt? Warum stellst du den an? Das ist dir natürlich nicht bewusst, aber da kannst du ganz genau sehen, wo du spirituell bist oder wer du bist, wer du emotional bist und wer du mental bist.

Wie es dir geht, wie dein Umfeld ist, wie deine Freunde sind, etc., ist das, was noch in deinem Unterbewusstsein verborgen liegt. Wenn deine Freunde z.B. lauter Hirnwichser sind, ist das doch eigenartig. Hör mal, wieso hast du lauter Hirnwichser als Freunde? Du, der du doch sagst, dass du tantrisch und spirituell bist, hast lauter Hirnwichser als Freunde? Komisch, wieso? Das muss etwas mit dir zu tun haben, sonst hättest du das nicht, sonst wäre das nicht in deinem Leben.

Das ist hart, weil es dir genau zeigt, wer du bist. Genau das. Für mich ist es so, dass Spiritualität in deinem Leben funktionieren muss. Eine Spiritualität, die nicht vom Leben überprüfbar ist, ist keine Spiritualität, weil das da draußen und das in dir drinnen genau das Gleiche ist. Es ist dieselbe Substanz, die sich zeigt und es ist nicht möglich, dass du sagst, dass du mit den Engeln und den tollen Energien und mit Gott verbunden bist, aber ein Arschloch von einem Mann hast.

Dann glaubst du vielleicht, dass Gott dich gerade prüft, indem er dir diesen Mann geschickt hat. Wir erfinden ja alle möglichen Geschichten als Entschuldigung dafür. Aber da draußen prüft dich niemand. Was für ein Interesse sollte jemand haben, dir eine Prüfung abzunehmen? Stellt euch doch mal den lieben Gott vor. Was für ein Interesse sollte der denn haben? Glaubst du, dass ihm jetzt einfach fad ist und er deshalb schnell einmal einen Tsunami schickt? 300.000 Leute weniger. Glaubt ihr das? Oder wenn ein Kind überfahren wird oder ein Tier leidet, dann fragt man sich doch, wozu und warum das so ist. Was muss das für ein Gott sein, der so etwas zulässt? Und in Wirklichkeit glauben wir sogar, dass der das initiiert hat. Denn wer soll es denn sonst initiieren? Dann haben wir aber noch eine ganz tolle Story – das ist die Überstory überhaupt: Der Teufel war das. Das heißt, Gott ist nicht vollkommen, irgendwer fehlt noch. Das ist wirklich lächerlich.

Wir müssen diese Dinge als ein Hologramm verstehen und wir haben heute unglaubliche Möglichkeiten durch die moderne Technik. Wir können heute tatsächlich ein Hologramm verstehen und dieses Universum dürfte rein holografisch aufgebaut sein. Was ist ein Hologramm? Das ist ein Bild, mit Blumen, Blättern, usw. und das wird jetzt projiziert. Aber das ist ein Hologramm – dieses Bild ist hier.

Das Bild eines Hologramms
ist in jedem seiner Bruchstücke vorhanden.

Das Eigenartige an einem Hologramm ist folgendes: Wenn ich ein Stück weg breche, dann habe ich in diesem Stück komischerweise auch dieselbe Blume. Selbst wenn ich von einer Vase ein Stück wegbreche, habe ich in diesem Stück denselben Blumenstrauß, dieselbe Vase. An jedem Punkt dieses Hologramms ist eine Welleninformation. Das bedeutet also, wenn das hier jetzt Gott ist, dann ist jeder Teil ebenfalls Gott. Das heißt, jedes kleine Stückchen des Hologramms repräsentiert das Ganze und es ist nicht ein Teilstück. Es ist zwar ein individueller Teil von diesem Ganzen, aber die Repräsentation ist immer das Ganze. Und das – wir zusammen als das – kreieren diese Welt. Und das ist mit den Körperzellen genauso. Sonst würde das Prinzip mit den Stammzellen gar nicht funktionieren. Wir sagen heute, dass eine Stammzelle sozusagen die Urzelle ist. In der Forschung hat man im letzten Jahr aus Hautzellen Stammzellen hergestellt. Das heißt, dass jede Zelle des Körpers die Stammzelleninformation hat. Nur aus der Stammzelle differenziert sich eine Leberzelle, eine Nierenzelle, eine Epithelzelle, eine Hirnzelle, eine Ganglienzelle, und und und. Das sind Differenzierungen. Du bist ja auch eine Ausdifferenzierung. Du hast einen Namen, du hast dein Aussehen – dich gibt's nur ein einziges Mal. Und trotzdem bist du der Träger der Stammzelle. Du bist der Träger. Du bist das, was Gott ist, das, was wir alle gemeinsam sind. Aber nicht als Teile, sondern jeder ist die Repräsentanz von diesem Gott. Es ist alles schon existent. Dieses unglaubliche Universum hat Sterne, Atome, Neutrinos, Quarks, was auch immer, ohne Ende. Im feinstofflichen Bereich spricht man von einem impliziten Raum. In der Quantenphysik verwendet man dieses Wort. Das heißt vorhanden, aber nicht sichtbar. Und alles ist vorhanden und wir wissen nicht annähernd, welche Möglichkeiten vorhanden sind. Aber sie sind nicht explizit. Das heißt: Sie sind nicht Form geworden, sie sind nicht da. Wir haben keine Ahnung, wie groß das ist. Tatsache ist, dass die Möglichkeit der Möglichkeiten unendlich ist. Aus dem impliziten Raum kann jetzt etwas auftauchen, je nachdem, wo du oder auch viele Menschen die Aufmerksamkeit hin richten. Die Frage ist dann: Ja, wo kommt das jetzt her? Ist das neu? Das ist nichts Anderes, als der implizite Raum, der explizit wird. Der Samen, der aufgeht. Das ist alles.

Dass das schon vorhanden sein muss, ist keine Frage. Jede Möglichkeit ist schon da. Das geht nicht in unseren Kopf, weil unser Denken im bipolaren Raum stattfindet. Das ist nicht vorstellbar. Das wäre erst erfahrbar, wenn die anderen 90% deines Gehirns verfügbar wären. Das ist, wenn Seins-Zustände mehr werden. Dann bekommst du mehr Gehirnsubstanz verfügbar und dann weißt du plötzlich Dinge, die du gar nicht wissen kannst. Du weißt, dass das so ist und dann überprüfst du es im Leben und es ist tatsächlich so. Es ist schon so und vorher musstest du lernen und studieren. Das brauchst du nicht lernen, das ist schon da. Aber dein Gehirn ist so eng und so – wie soll ich sagen – so verhaftet in dieser Polarität, in diesem Kampf, dass du gar keine Zeit und keine Möglichkeit hast, das Unglaubliche zu erfassen, was dir dein Gehirn ermöglichen kann: Den Zugang zu einer unendlichen Information, zu einem Wissen, das nichts anderes als Bewusstsein ist.

Nach diesem kleinen Ausflug möchte ich wieder zurückkehren zu den Projektionen. Wir haben gesehen, dass alles was deine Befürchtung, dein Misstrauen, aber auch deine Faszination ist, das heißt das Positive und das Negative, eine Projektion ist. Das Positive und auch das Negative wird hinüber projiziert und du ziehst sowohl deine Faszination, also auch deine Befürchtung und dein Misstrauen in dein Leben. Das kommt nicht einfach auf dich zu. Es gibt keinen im Außen, der dir irgendetwas tut. Das ist natürlich nicht einfach. Du willst es lieber so haben, dass das Arschloch dort drüben ist. Das ist praktisch und einfacher, aber es ist nicht so. Die

Tatsache, dass es nicht so ist, lässt dich erwachen. Denn dann wird das Eins, und das ist nichts Anderes als das große Ganze.

6. Ein neuer Mensch

entsteht, wenn linke und rechte Gehirnhälfte in Harmonie sind

Das Weibliche ist nicht so verfügbar, der Mann schon. Es ist tatsächlich so, dass jeder Gedanke, den du hast, abwechselnd von der linken Gehirnhälfte oder von der rechten geliefert wird. Das wird sehr extrem und zwar extrem in dem Sinne, dass die linke Gehirnhälfte gegen die rechte kämpft. Und so wie Mann und Frau im Außen, sind die Gehirnhälften in dir gegeneinander. Die eine sagt: „Mach schnell!" und die andere sagt: „Ist eh okay." Es ist immer so. Der eine ist beleidigt und der andere gibt dann erst recht Gas. Einerseits wird logisch argumentiert, warum irgendetwas passieren muss, andererseits spürt die weibliche Seite, dass der andere Teil wieder nur sein Ding machen will. Die weiblichen und die männlichen Anteile haben so ihre Stärken. Das hört erst dann auf, wenn linke und rechte Gehirnhälfte in Harmonie sind. Das heißt, wenn sie sich akzeptieren, wenn sie sich sogar lieben. Das klingt jetzt ein bisschen komisch, dass die linke und die rechte Gehirnhälfte sich lieben, aber das ist das Prinzip von Mann und Frau. Das Prinzip von Kind und Intellekt ist dasselbe. Das Kind möchte spielen und möchte dies und das. Der Intellekt sagt: „Du musst jetzt arbeiten, das ist jetzt wichtig" und das Kind ist beleidigt. Du weißt ja, wie es in der Schule ist, wenn der Intellekt zu dir sagt: „So, jetzt musst du lernen". Dann sitzt du vor dem Buch und das Kind in dir schaut hin und schaut hin und du liest und liest, aber es kommt nichts an, nichts. Oder du schweifst dauernd ab. Das ist das „Ätsch" vom Kind, das du bekommst, wenn du das Kind dauernd piesackst, dass es lernen muss.

Es ist gar nicht so einfach herauszufinden, wie man mit sich selber umgeht. Es ist so faszinierend, was passiert, wenn du einfach liebevoller mit dir bist. Zum Beispiel: Das Kind ist traurig und der Intellekt fragt: „Wieso bist du denn schon wieder traurig? Was soll denn das schon wieder?“ Und das Kind bzw. die Frau ist dann verletzt und beleidigt, weil es das nicht sein darf. Ein ganz kleines Kind lacht und weint und ist traurig und ist das und jenes und wenn das sein darf, ist es sehr zufrieden. Aber wenn du fragst: „Warum lachst du jetzt, warum weinst du jetzt nicht“, dann ist das nicht okay, da fühlt es sich nicht wohl. Und dieser Teil in dir rächt sich! Es gibt ja Stunden, Tage, wo du einfach nichts weiter bringst und dann fragst du dich wieso. Ist es dein Kind? Oder deine Frau? Die macht das, die drückt dir eins aufs Auge und du kannst nichts dagegen tun. Das ist vor allem das Thema im Seminar "Der Neue Mensch", einem Seminar, wo es möglich ist, diese beiden Teile in Harmonie zu bringen.

Der Neue Mensch

Das heißt nun aber nicht, dass wir den Verstand los werden wollen. Nein, den brauchen wir ja für viele Dinge, wie zum Beispiel zum Auto fahren, zum Organisieren, zum Öffnen der Kühlschranktüre usw. Wir sagen nur: „Stopp!“ Der Verstand, der sich ja als der Chef im Haus fühlt, muss zum Diener werden und die Dinge machen, die er besonders gut kann. Denn das ist das, wo wir, wo das Weibliche, Schwierigkeiten hat.

Der Mann ist ja ziemlich stark und wenn du jetzt in den Wald gehen und die Natur spüren möchtest, quasselt der Verstand dauernd dazwischen. Ich bin im Wald, im Hochgebirge, aufgewachsen und bin oft dort gewesen. Ich habe es sehr genossen, wenn die Sonne durch die Bäume kam. Ich bin da oft gestanden und habe gestaunt, wie groß diese Bäume sind und wie stark das alles ist. Den Geruch von Moos habe ich geliebt. Der Wald war für mich sehr sinnlich.

Eines Tages ging mein Vater mit mir durch den Wald und sagte: „Schau mal her, das ist eine Zirbe, das ist eine Lärche, das ist eine Fichte, das ist eine Tanne, das ist eine Latsche, das ist dies und das ist jenes und da ist Norden, weil da das Moos ist. Und was ist denn das? Das ist ein Schwammerl und weißt du, was das für ein Schwammerl ist?“ Und dann hat er mir erklärt, dass das ein Eierschwammerl ist. Dann hat er mir erklärt, welche giftig sind und welche nicht und er hat gesagt: „Merk dir das, ich frage dich das nächste Mal.“ Ab dem Zeitpunkt bin ich in den Wald gegangen und habe immer Fichte, Lärche, Zirbe im Kopf gehabt und auf einmal war mein Gefühl für den Wald weg. Ich habe nicht mehr gestaunt über diesen Wald, ich habe jetzt für all diese Dinge einen Namen gehabt. Plötzlich war statt der Erfahrung Wissen da. Und das Wissen ist so stark, dass dauernd Gedanken kommen. Und dafür ist dieses "Stopp" da. Jetzt gehst du einmal in dich und wendest dich dem zu, was dieser Raum ist, nämlich dem Riechen, dem Weiblichen. Wenn du das so machst, wird die Frau wieder einen Platz kriegen.

Das Weibliche ist ja nicht so verfügbar wie der Mann. Es braucht aber eine Mischung zwischen bestimmt und liebevoll. Das Weibliche muss eine ganz bestimmte Art entwickeln. Dann kannst du dem wieder Raum geben. Dann kannst du wieder riechen, dann kannst du wieder schmecken und spüren. Sag einfach mal: „Stopp, stopp Verstand, stopp einmal!“ Und dann ist er ruhig. Du stehst vor den Niagarafällen und der Mann in dir sagt: “Schön, schön, mach ein Foto. Mann, Mann, fühl! Oh, und hast du das da drüben schon? Die Seite? Schau dir das einmal an. Schön, toll.“ Aber fühlen? Null! Der Verstand hat das Ganze übernommen, dein Herz hat keinen Platz. Der Verstand ist ja der Mann in dir. Der ist so. Der hat ja dauernd etwas zu quasseln und jetzt musst du dich erinnern: Hey, da ist ja auch eine Frau. Und es ist wichtig, dass du das fühlst, dass du der Frau jetzt einen Platz gibst. Du musst dich erinnern, dass da eine Frau ist. Das ist ein ganz bewusster Akt. Und ich würde dir empfehlen: Tanz einmal ein bisschen, geh in die Natur, mach dir etwas Schönes, erlaube dir Dinge, zieh dir etwas Anderes an, gib dir Möglichkeiten, die Frau zu sein, wenn du Frau bist. Und gib dir Möglichkeiten zu fühlen, wenn du Mann bist. Tu manchmal Dinge, die nicht nur logisch-analytisch sind, sondern spür das Lenkrad, wenn du Auto fährst, riech, wie es da drinnen riecht, gib dir mehr diese anderen Erfahrungen auch, denn da hängt so viel dran. Du hast nicht wirklich die Möglichkeit, eine Frequenz auszustrahlen, die eine Riesen-Amplitude hat und sehr powervoll ist, wenn du nicht fühlen kannst.

Wenn die Amplitude sehr hoch ist, dann hat sie eine sehr starke Power. Wenn du das aussendest, dann ist es gar nicht möglich, dass das nicht in dein Leben kommt. Das geht gar nicht. Und das hat mit Gefühlen zu tun – rechte Gehirnhälfte/linke Körperseite sind die Gefühle. Linke Gehirnhälfte/rechte Körperseite ist der Mann. Dieses Prinzip kannst du überall im Leben sehen, überall. Das ist so unglaublich, so umfassend, so wesentlich. Es ist wichtig, dass du anfängst zu spüren, ein bisschen eine Idee bekommst, einen Geruch, was dieses Prinzip möglicherweise bedeuten könnte.

Du hast wahrscheinlich schon bemerkt, dass es mitunter nicht reicht, zu sagen: „Ich hol das jetzt einfach ab“. Nein, wir müssen schon genau wissen, was das ist. Der Autopilot ist sehr stark. Was man nicht will, tut man weg und schaut nicht hin und macht etwas Anderes. Das geht überhaupt nicht, das ist absurd. Du kannst nicht etwas verdrängen und wo anders hin wollen. Das Verdrängte wird sich dir in den Weg stellen. Mit absoluter Sicherheit. Bis das greift, braucht es ein bisschen. Es braucht ein bisschen Zeit. Aber ich sage immer: Was ist Zeit? Was sind ein zwei Jahre, die du investierst, um zu begreifen, was das Leben ist? Was bedeuten zwei Jahre? Wie lang fummelst du schon herum in der Gegend? Jahrzehnte! Wie viele Menschen hast du verletzt? Wie sehr hinderst du dich, einen Schritt in die Richtung zu machen, um das zu erleben, was du haben willst? Du nudelst herum, springst hin und her, verzettelst dich und hast eigentlich keine Ahnung, wie das funktioniert. Du hast ja jetzt keine Zeit und es ist auch so viel zu tun und und und...

Jetzt kommt eine Zeit, wo es ganz, ganz wesentlich ist, dass du das Bewusstsein hast. Denn nur wer das Bewusstsein hat, wird mit neuer Energie und neuen Möglichkeiten anders umgehen können. Wenn du zu bist und dein altes Verhalten verteidigst, dann gehst du zugrunde. Die alten Strukturen müssen sterben, aber mit viel Kraft und Schweiß.

Das ist aber nicht notwendig. Viel Schmerz ist nicht notwendig. Du könntest, wenn du offen bist, die Dinge zulassen, dann kannst du sie hinein nehmen und abholen. Du wirst eine andere Frequenz ausstrahlen und mit Dingen umgehen können, mit denen du jetzt überhaupt nicht umgehen kannst. Es sind Ängste da und mit Ängsten ziehst du all diese Sachen nur an. Aber wie willst du deine Angst abstellen? Du musst sie abholen und dann ist sie nicht mehr. Das ist das, was weitergeht. Das passiert im Seminar "Der Neue Mensch" und das machen wir in der "Biotiversity".

Die "Biotiversity" ist so das absolute Highlight und zwar deshalb, weil wir so viel Zeit zur Verfügung haben. Wir teilen die Sequenzen auf zwei Jahre auf, um das auch im Urlaub machen zu können. Und da gehst du das Leben durch. Da gehen wir alles durch, was dein Leben beinhaltet. Wir schauen uns alles an. Du schaust dir an, wie du tickst, worauf es ankommt im Leben, wie man Dinge abholt, wo deine Verträge sind und wie du an deine Wunden kommst. Das ist Praxis. Das ist nicht Theorie auf der Tafel. Ja, auch ein bisschen, aber Praxis ist die Gruppe, Praxis ist das, was wir machen werden. Wenn du dort rausgehst, dann gehst du anders raus, als du rein gekommen bist. Wenn du dich raus hältst und dich nicht einlässt, dann bleibt das Ding in deinem Kopf.

In der "Biotiversity" und beim Seminar "Der Neue Mensch" haben wir viel Zeit zur Verfügung. Ich habe "Der Neue Mensch" immer wieder verlängert. Zuerst lief er über 10 Tage, dann elf, zwölf und jetzt sind wir bei 18 Tagen gelandet. Am liebsten würde ich ihn 21 Tage machen, weil es so, so wichtig und so gut ist. Das ist ein absoluter Muss-Kurs. Ein Kurs, wo du begreifen kannst, wie du dein Leben gestaltest, was du da machst und warum das so ist, warum in deinem Leben Dinge auf dich zukommen müssen. Beides sind Highlights. Vielleicht ist für den einen oder anderen "Der Neue Mensch" greifbarer, weil der nicht so lang ist.

"Der Neue Mensch" hat mit den Eltern zu tun. Du bist ein Kind und du hast von deinen Eltern ein Programm bekommen. Du hast dieses Programm bekommen müssen. Alle Eltern geben ihrem Kind ein Programm mit. Sie führen es in diese Welt ein. Aber dieses Programm ist nicht immer das, was gerade schön ist. Das ist das, was dir Schwierigkeiten macht. Das ist das, wodurch du dich behindert fühlst. Vielleicht will die Mutter dich gar nicht hindern, aber das Kind wird es so empfinden, weil es aus einem Raum der Freiheit kommt.

Wenn man in diese Welt kommt, dann wird es ein bisschen enger. Du kommst in die Polarität, dann kommst du in die Erfahrung. Es bleibt nicht aus, dass du das erfahren wirst und die ersten sind die Eltern, die dich das lehren. Jetzt macht es natürlich total Sinn, wenn du dir deine Eltern anschaust und das tun wir. Wir schauen uns an: Wer ist meine Mutter? Wer ist mein Vater? Denn von meiner Mutter und meinem Vater habe ich die Programme, aber mit Sicherheit. Von wem sonst? Du kommst unschuldig hier her, du hast nichts, du bist leer. Wenn du ein kleines Kind im Arm hast, fühlst du diese Mischung. Du kennst das, du fühlst, dass dein Herz aufgeht. Klar, weil dieses Kind noch keine Bedeutungen kennt, keine Bewertungen hat. Es weiß nicht einmal selbst, ob es ein Männchen oder ein Weibchen ist. Das ist nicht in seinem Bewusstsein. Deswegen ist es hier und zwar total in seinem Sein. Und es kommt von dort. Manchmal sagt man das ja auch. Das ist ein kleiner Engel.

Leider verliert dieses Kind nach und nach dieses Engel-Sein und wird dann ein Bengel, weil es natürlich programmiert wird. Wenn dieses Kind dann seine Programme hat, hat es später bestimmte Verhaltensweisen, die sein Leben bestimmen. Es versteht dann nicht, warum es zum Beispiel immer Recht haben muss oder warum es nie Ruhe geben kann. „Du bist wie deine Mutter, wie dein Vater“, sagen dann die Eltern oder Freunde. Manchmal hast du aber auch das Gefühl, dass du gar nicht so bist! Aber auch dafür haben wir eine Erklärung. Dann bist du nämlich in Rebellion zu Mutter oder Vater und machst genau das Gegenteil.

Einmal war eine Frau bei einem Vortrag in Wien, die sagte, dass das zwar sehr interessant wäre, was ich da sage, aber es würde nicht auf sie zutreffen. Ich hatte gerade erzählt, was ein Kind so alles mitmacht und wo und wie die Programme sich zeigen. Sie meinte, dass ihre Mutter ein Engel war und sie eine wunderbare Kindheit gehabt habe. Auf meine Frage, wie denn ihr Leben heute ist, sind sofort die ersten Tränen geflossen. Eine Katastrophe, hat sie gesagt. Ihr Leben sei eine einzige Katastrophe. Sie kommt gerade vom Psychiater, denn sie ist ein Wrack. Ich habe gesagt, dass ich ihr nicht glaube, dass Ihre Kindheit so schön war, wenn heute Ihr Leben so eine Katastrophe ist. Das spricht gegen alle Erfahrungen, die ich jemals gemacht habe. Plötzlich war sie verschwunden.

Zwei Monate später war sie wieder da und hat mir eine Liste gezeigt. Auf ihrer Liste stand: Meine Mutter ist ein Engel, meine Mutter liebt mich. Also, alles tolle Eigenschaften einer Mutter. Auf meine Frage, was die Mutter davon hatte, dass sie immer so lieb war und wovor sie es bewahrt hat, änderte sich plötzlich ihr Gesichtsausdruck. „Ich glaube ich habe jetzt heraus gefunden, warum meine Mutter das gemacht hat.“ Dann kommt es aus ihr heraus: „Weil sie nicht alleine sein konnte und damit sie nicht alleine ist, ist sie immer so lieb. Sagt, ich bin das Schönste und Größte und Beste und sie wird immer für mich da sein und sie weiß auch, dass ihre kleine Prinzessin sie nie enttäuschen wird. „Klingt ja ganz harmlos. Dann ist es schwierig geworden mit ihr und dann hat sie endlich das erste Mal die Mutter von ihrem Sockel herunter geholt. Sie hat angefangen zu sehen, dass sie auf eine ganz bestimmte Art und Weise programmiert worden ist. Unter anderem hat die Mutter sie auch beschworen, nicht irgendeinen Mann daher zu bringen, weil sie beide doch so ein gutes Team wären und sie doch ohnehin alles für ihre Tochter machen würde. Diese Frau war unfähig, ihr Leben zu leben, obwohl sie "eine so tolle Kindheit" hatte.

Bei dieser Frau war die Mutter sehr mächtig, sehr wichtig in ihrem Leben. Sie liebt sie doch und wenn sie mich liebt und sagt: „Bitte, mach das nicht“, dann mache ich das nicht. Lass dich darauf nicht ein! Und wenn sie sich dann doch auf einen bestimmten eingelassen hat, ist die Mutter auf ihrer Schulter gehockt und hat gequasselt. Es gibt natürlich auch Rebellionen. Eines Tages lernte sie auf der Uni einen Mann kennen, einen Afrikaner, er hieß Ali. Ausgerechnet einen Dunkelhäutigen! Und wie es im Leben halt oft so ist, kam die Botschaft von der Mutter: "nicht einlassen". Da hat sie gesagt: „Na, da mach ich nicht mit. Ätsch, Mutter“. Jetzt hat sie sich auf dem Typen eingelassen. Eh so vorsichtig. Der ist auf sie zugekommen und sie hat zuerst nein gesagt, sie wäre nicht interessiert, so irgendwie. So, und dann sind sie sich doch näher gekommen. Aber die Mutter saß ihr auf der Schulter. So wurde sie plötzlich frigide und hat nichts mehr gespürt. Der Mann meinte, sie wäre wie ein Brett und auch nicht wirklich eine Frau und er könne mit ihr nichts anfangen. Das machte sie natürlich totunglücklich.

Sie hatte nichts vom Egoismus der Mutter gewusst. Sie ist dann zum Arzt gegangen und der hat ihr Hormone gegeben und durch die Hormone bekam sie Magenprobleme und Probleme im Darm. Dann ist sie zum Endokrinologen gegangen, der hat ihr auch wieder ein Pülverchen gegeben. Ihr wisst vielleicht, wie das ist. Und du kommst von einem zum anderen und schließlich ist sie in der Psychiatrie gelandet und hat Psychopharmaka genommen. Sie war ein Wrack, sie war fertig.

Langer Rede kurzer Sinn: Sie hat der Mutter einmal die ganzen Sachen zurück gegeben, diese ganze Kacke von „Lass mich nicht allein und ich hab dich lieb." „Ich bin nicht mehr bereit, an das zu glauben, das ist deine Geschichte und ich weise sie zurück. Es ist mir nicht wichtig – nicht mehr – ob du mich liebst oder nicht. Wenn ich dir das zurück gebe und ich selber bin, dann wirst du mich wahrscheinlich nicht mehr lieben". Sie hat es zurückgegeben auch auf die Gefahr hin, dass das passiert.

Ich mache einen Test in diesem Seminar. Da muss jeder zu mir ins Büro kommen und da checke ich das. Da checke ich, ob du nein gesagt hast. Ich sehe das ganz genau, ob du dich wirklich erhoben und gesagt hast: „Okay, ich bin ein eigener Mensch, ich bin ich selbst und das sind deine Geschichten Vater und deine Geschichten Mutter". Das ist energetisch im Körper fühlbar, das kann man sehen. In dem Moment, wo das passiert und du beim Test durch kommst, kann ich dir sagen, was dann passiert. Da strömt plötzlich Energie durch deinen Körper von unten bis ganz nach oben und du fragst dich, was da auf einmal los ist, warum du dich so gut fühlst wie noch nie. Das passiert, wenn du plötzlich deine Power zurück bekommst, wenn du dich nicht mehr abhängig machst von den Eltern.

Zwei Tage nach dem Seminar rief sie mich an und erzählte mir strahlend, dass sie in der letzten Nacht den ersten Orgasmus ihres Lebens gehabt hat. Und es war natürlich mit diesem Mann aus Afrika. Welch ein Wunder, meinte sie. Anschließend hat sie alle Tabletten weg geworfen, weil sie die nicht mehr brauchte.

Wir hängen so in diesen Abhängigkeiten von Mutter und Vater und in deren Programmen und das ist alles, was du lebst. Nur ist dir das nicht bewusst. Doch in diesem Kurs gehen wir her und sagen: Okay, wer ist meine Mutter und wer ist mein Vater und wer bin ich? Und dann scheint alles auf und dann schauen wir uns das an. Ich habe ein paar Assistenten, die dir dabei helfen und dann kann man sehen, warum dein Leben nur so laufen kann, denn das sind deine Glaubenssysteme, das ist das, was du sozusagen in deinen Eingeweiden hast. Das ist so drinnen, dass du es nicht einmal merkst. Das braucht ein bisschen Aufwand, dir das bewusst zu machen und dann herzugehen und zu sagen: „So, das ist nur geliehen." Das ist wie ein Quargelsturz *(Käseglocke)*, den mir jemand drüber gestülpt hat. Als ich hierher kam, da habe ich diesen Quargelsturz nicht gehabt. Aber nach und nach kriegst du ihn drüber gestülpt. Und wenn du sehen kannst, was deine Eltern tun, kannst du sehen, was du tust. Wenn du sehen kannst, was du tust, was du glaubst, dass du machst, kannst du schauen: Von wem habe ich denn das?

Und dann bist du erstaunt, wenn nach einer Woche ein depressiver Tag kommt, ein depressiver Moment, wo du siehst, dass du das Ergebnis fast ausschließlich von Mutter und Vater bist. Und das brauchen wir, ja das brauchen wir. Wir brauchen diesen Moment, wo du feststellst, dass das aber jetzt nicht sein kann, echt nicht! Wo bleibe eigentlich ich? Und dann kommt der Zorn, dann kommt die Wut und die brauchen wir.

Im zweiten Teil dieses Kurses arbeiten wir emotional. Im ersten da schreibst du viel; im zweiten Teil dieses Kurses kommen die Emotionen, wo du dann sagst: „So, jetzt reicht es aber!" Schon wenn du auf die Liste schaust, wird dir ganz heiß!

Das ist ein Albtraum. Und wir schauen dann ganz genau hin. Da steht drauf, wie du das lebst, mit Beispielen, mit allem Pipapo. Dann schaust du drauf und denkst dir: Das kann nicht wahr sein, das ist ein Albtraum. Ich habe schon so viele Menschen verletzt. Ich bin damals verletzt worden und ich habe es schon wieder weiter gegeben. Die Sünden der Väter werden über die Kinder und die Kindeskinder kommen, heißt es in der Bibel.

Wenn du das sehen kannst und das siehst du – dafür sorgen wir – dann wirst du zornig und wir werden dafür sorgen, dass du diese Wut ausdrückst. Selbst kleine, schwache Frauen, denen man das nicht zutraut, bekamen plötzlich unglaublich viel Power. Und diese Power brauchst du, denn es nützt nichts, wenn du an der Tafel stehst und sagst: Da ist meine Mutter, die ist gut und bla bla bla. Das nützt dir nichts. Du musst richtig wütend werden und du musst sagen: "So nie mehr! Nie mehr in meinem Leben, werde ich das leben! Ob du mich jetzt liebst oder auch nicht". Und diese Wut brauchen wir, denn dann gibst du das wirklich zurück. Und ich teste, ob du es tatsächlich gemacht hast.

Und dann stehst du auf. Das erste Mal in deinem Leben, steht das Kind, das du bist, auf und der Erwachsene, der du bist, der Mensch, der du bist, hat plötzlich Raum. Wir sind nicht dazu da, mit den Programmen, die wir übernommen haben, zu sterben. Das ist nicht der Sinn. Die Programme, die du gelernt hast, dienen deiner Erfahrung, aber irgendwann in deinem Leben solltest du sie zurück geben und ablegen und wieder der werden, der du bist. Und dieser Kurs hilft dir dabei. Und zwar richtig und von Grund auf. Er ist sehr logisch, analytisch und emotional aufgebaut, so dass das passieren kann.

Es ist so unglaublich, was die Menschen da alles gelernt haben und welche komischen und verdrehten Geschichten sie oft haben. Und wenn sie dann aus diesem Traum aufwachen, sehen sie, dass sie nicht mehr von Vater und Mutter geliebt werden müssen. Sie haben schon so viele Menschen verletzt, sich selber, andere. Auf einmal ist ihnen klar, dass sie dieses Verhalten nicht mehr an den Tag legen müssen. „Ich habe das nicht gehabt, als ich hierher gekommen bin. Ich war ein unschuldiges Kind und nach und nach habe ich mir vom Papa und Mama abgeschaut, wie man Dinge tut." Wenn Papa „Nein" gesagt hat, fängst du schon im Sandkasten damit an: „Nein". Und haust dem Anderen den Sandkübel über den Schädel. Und später machst du das auch so. Du sagst: „Nein und wenn ich sage nein, dann heißt das nein". Du wirst so ein Bock, so hart, so wie Vater. Du kannst nicht fühlen, weil dein Vater nicht gefühlt hat. Der hält dich unten. Die Menschen wissen nicht, dass sie das kopiert haben, dass sie ihre Unfähigkeit, sich auszudrücken oder etwas zu sagen, gelernt haben. Wenn du das aber weißt, dann kannst du es zurück geben und wenn du weißt, dass das ein Programm ist, dann kannst du sagen: „Hey, behalte dir das Programm auch auf die Gefahr hin, dass du mich nicht mehr liebst." Und dann bist du frei. Das wirkt sich auch auf deine Kinder aus. Deine Kinder verhalten sich plötzlich anders, obwohl du nicht mit ihnen darüber gesprochen hast. Es gibt nichts Besseres, was du jemals tun kannst. Ich sehe das bei meiner kleinen Tochter. Ich habe ja schon drei Kinder und das ist jetzt das vierte. Ich war ja nicht immer so, wie ich jetzt bin. Ich war ein ziemlicher Hallodri und ich habe zwar Kinder gehabt, aber das nicht wirklich registriert.

Die waren zwar da, dann habe ich halt mit ihnen gespielt, aber ich habe nichts begriffen. Ich habe auch nicht gewusst, wie ein Kind sich fühlt. Beim Seminar "Der Neue Mensch" lernst du, wie ein Kind sich fühlt. Du bist das Kind. Du bist den ganzen Kurs ein Kind.

Du gehst deine Kindheit durch und du spürst, was für Schmerzen es dir gemacht hat, dass du aufessen musstest, wie du dich gefühlt hast, als man dich im Häuschen eingesperrt hat oder was auch immer. Das sind alles Dinge, die passiert sind. Als dein Vater um 6 Uhr zum Beispiel gesagt hat: „Schlaf jetzt!“ Sag einmal zu deinem Ehemann: „Schlaf jetzt!“ Und schau einmal, ob er das kann. Aber vom Kind verlangt man es. Ja, um 6 Uhr, wenn es jetzt wunderbar wäre zu spielen... dann musst du schlafen. „Und wenn dir das nicht passt, dann komme ich noch einmal rein und dann gibt's Saures.“ Tolle Methode. Das hast du alles mitgekriegt.

Das ist in dir und du lebst das später. Wenn du aber jetzt hergehen und sagen kannst: „Das ist ein Verhalten, das ich gelernt habe, aber das bin nicht ich“. Dann kannst du das Verhalten zurückgeben und dann bist du zum ersten Mal du. Das ist der Raum, wo du dein Sein findest, wo du leer wirst. Da sitzen dann Leute um dich herum und sind einfach sie selbst.

Ich habe das ja öfter erlebt, dass Leute gesagt haben, wenn sie Fotos von vorher und nachher gesehen oder sich in den Spiegel geschaut haben, dass da ein Unterschied ist wie Tag und Nacht. Und das ist harte Arbeit. Das ist ein intensiver Prozess. Wenn du das weißt und dich auf diesen Prozess einlässt, kommst du komplett anders heraus. Als die Leute dann heim kamen, wurden sie auch gefragt, ob sie auf Urlaub gewesen sind, weil sie so erholt ausgesehen haben. Die haben da aber oft bis spät in die Nacht, manchmal auch bis 4 Uhr früh, gearbeitet, weil es so spannend war, was da alles passiert ist.

Du erfährst zum ersten Mal, wie dein Leben zustande kam, was in dir programmiert wurde, dass du heute so lebst, was du glaubst, was da so in dir ist, was du selber ja nicht sehen kannst. Jetzt kannst du dir einfach deine Eltern anschauen. Von dort kommen ja die ganzen Programmierungen.

Von dort kommen auch gute Dinge, natürlich. Aber um die brauchen wir uns nicht zu kümmern. Dass du weißt, wie die Schwammerl dort heißen, darum brauchst du dich nicht zu kümmern – ist ja kein Problem für dich. Höchstens, dass du immer, wenn du in den Wald gehst, nur einen Namen hast, das könnte ein Problem sein. Ja, das hast du gelernt. Das kannst du zurück geben und auf einmal, wenn du es zurück gegeben hast, dann findest du wieder das Kind. Das Kind, dass in den Wald geht und fühlt. Du musst dir wieder zurückholen, was du verloren hast und das musst du bewusst tun. Das kannst du bewusst tun, aber du kannst natürlich auch mit diesen Programmen sterben. Dann hat man irgendwie das Gefühl, dass man dieses Leben vertan hat. Man hat gemacht und getan wie die Eltern und die Großeltern und es ist eigentlich nichts dabei heraus gekommen. Bei den Eltern ist auch nichts dabei heraus gekommen.

Die Programme zurück zu weisen und das zu leben, was du bist, das macht Sinn. Das macht total Spaß! Und alles verändert sich. "Der Neue Mensch" ist so etwas wie eine Initialzündung.

Weil die Kindheit wirklich heftig ist – da gibt es viele Verletzungen, viel Schmerz – gehen wir immer wieder in Seins-Zustände, von denen aus wir dann wieder unsere Programmierungen weiter erforschen können. Wir machen das wechselweise, damit man sich da drinnen nicht so verirrt. Sonst wäre es nicht möglich, das überhaupt zu machen. Du schaust dein ganzes Leben an, dein Leben komplett von A bis Z, was alles passiert ist und warum es passiert ist. Da gehen dir wirklich Kronleuchter auf.

Dann verstehst du nämlich den Mechanismus und verstehst, wie du zu dir selber sein musst. Wenn dein Vater nur Druck ausgeübt hat, erfährst du, wie du selber Druck ausübst, wie du aus dir eine Kopie deines Vaters machst. Du übst Druck auf dich aus, du übst Druck auf andere aus und du kommst mit Leuten zusammen, die Druck auf dich ausüben, so wie Vater. „Schau Papa, ich übe auch Druck aus. Hast du mich jetzt lieb?“.

Auf einmal fängst du an zu verstehen, dass dieses Druck ausüben auch auf dich zukommen muss. Du siehst auch überall in deinem Umfeld, dass Leute Druck ausüben. Du übst Druck nach außen aus und übst auch auf dich selber Druck aus. Das Programm ist perfekt. Gibst du das Programm "Druck ausüben" Vater zurück und erkennst, dass das seine Geschichte ist und nicht deine, dann funktioniert es aber nur, wenn du auf die Liebe deines Vaters verzichten kannst. Das ist der absolut heikle Punkt an der ganzen Geschichte. Für das Kind heißt das sterben. Du stirbst natürlich nicht, aber als Kind hast du die Liebe von Mutter und Vater gebraucht, um überleben zu können. Aber jetzt bist du bereit und zwar bist du aus einem Grund bereit: Du siehst, was du da lebst und dass der Preis für das, was du gelernt hast, so riesig ist. Du hast so viele Schmerzen durch diese Illusion, durch das, was du da von deinen Eltern gelernt hast, erfahren. Jetzt bist du bereit zu sagen: „Das ist mir egal. Es ist mir völlig egal, was dann passiert, schlimmer kann es nicht mehr werden. Auch auf die Gefahr hin, dass ihr mich nicht liebt“. Und dann entsteht folgendes: Im letzten oder vorletzten Teil des Kurses kommt eine Versöhnung mit deinen Eltern aus deinem Verständnis heraus zustande. Wenn du aber mit deinen Eltern nicht klar bist, wirst du irgendwann einmal spirituell komplett anstehen. Das ist anders nicht möglich. Es gibt natürlich viele, viele Varianten davon. Man kann auch seinen Vater verehren. Dann lässt du keinen anderen Menschen jemals in dein Leben außer deinem

Vater, weil niemand so gut ist wie er. Du musst aber Deins finden. Den Vater musst du erledigen. Der muss ausradiert werden aus deinem Leben. Und wenn das passiert, wirst du das erste Mal einen Freund haben. Ich sehe das nach dem Kurs. Da gibt es ja eine Aufgabe mit den Eltern zu erledigen und da begegnen sich oft Kinder und ihre Eltern in einer Art und Weise, wie das vorher noch nie passiert ist.

Wenn du heute deinen Vater im Altersheim besuchst, klopfst du ihm halt auf die Schulter und sagst: „Komm, setz dich nieder“, aber du gehst nicht hin, um ihn von Herzen zu drücken. Das passiert meistens nicht, weil da so viele Altlasten sind, weil dich dein Vater vielleicht geschlagen hat oder du durftest nicht raus gehen spielen, was auch immer. Das ist alles da und das steht zwischen euch. Ist das alles aufgelöst, ist das erledigt, hast du wieder eine Chance, deine Mutter und deinen Vater in den Arm zu nehmen. Was später in der Übertragung bedeutet, dass du deine Frau und deinen Mann neutral in den Arm nehmen kannst und nicht eine potentielle Mutter oder einen potentiellen Vater gegenüber hast. Das wird sich aber wiederholen, solange du das nicht verstanden hast.

Das ist ein Schlüsselkurs, ich sage es dir. Ich bin selber begeistert, immer wieder. Echt. Ich kann mir nichts Schöneres vorstellen, als das, was ich hier beim "Der Neue Mensch" und in der "Biotiversity" mache. Die Zeit ist so was von brisant und so was von reif. Mach es lieber heute als morgen.

Es geht um dein Bewusstsein, es geht um dein Leben. Und ich bin nicht jemand, der sagt: Fahr auf in den Himmel oder sonst irgendwo hin. Das Leben wird hier statt finden. Spiritualität und Leben ist kein Unterschied. Du kannst nicht sagen, dass du spirituell bist, aber hier nicht leben kannst.

Wenn dieses Leben eine totale Befriedigung für dich ist, dann bist du spirituell – wenn du diesen Ausdruck verwenden willst. Und das ist das, was ich selber lebe, das was ich haben will, was ich anderen vermitteln will. Und das Schönste daran ist, wenn es jemandem dann gelingt und er sagt: „Hey, ich hab's. Ich kann es jetzt".

Die Teilnehmer treffen sich auch öfter in Österreich wieder und bauen neue Gruppen, neue Möglichkeiten auf. Es ist auch wichtig, Menschen in seiner Umgebung bewusster zu sehen. Kreiere dein Umfeld, kreiere deine Umgebung. Du arbeitest anders mit Menschen, die bewusst sind. Das ist ein anderes Leben. Du hast viel mehr Freude, viel mehr Spaß. Du kannst dort sein, wie du bist. Und wenn du Menschen hast, wo jeder sein kann wie er ist, dann macht das Sinn. Dann macht das total Sinn. Es ist auch deine Sache, wie du dein Leben, dein Umfeld kreierst.

Vielleicht nimmst du auch jemanden an der Hand und zeigst ihm eine andere Art zu leben.

7. Mann-Sein

Verantwortung für eine Schwäche zu übernehmen, das ist Größe!

Wenn du einmal diesen neuen Mann in dir fühlen kannst, wird dir das helfen. Es wird dir helfen, dass du, wenn du eine Frau bist, auch weißt, dass das Männliche nicht nur brutal ist, sondern dass das eine unglaublich schöne Qualität ist.

Es wird dir als Mann helfen, weil viele Männer Angst davor haben, ihre Männlichkeit zuzulassen, denn sie wollen ja nicht brutal und gemein sein. Das ist aber nur eine verdrehte männliche Qualität. Die wirklich männliche Qualität ist so unglaublich, die macht dich so zufrieden, so rund in dir. Das wird immer aktiv in dir, wenn du begriffen hast, wenn du in deinem Leben zu etwas stehst.

Wenn du gerade ein Gefühl von eingeengt hast oder du sagst: „Du engst mich ein", dann ist das feige! Das ist ein feiger Mann, das ist ein verdrehter Mann. Ein wirklicher Mann sagt: „Okay, ich stehe zu diesem Gefühl, eingeengt zu sein. Ein anderer kämpft und sagt: „Du hast mich eingeengt" und Schwert und Blut und Krieg ist die Folge.

Das ist der alte Mensch. Das ist nicht das, was in diesem neuen Jahrtausend passieren müsste. Wir müssen mit den Kriegen aufhören. Wir müssen Menschen werden, die rund sind, die beide Dinge vereint haben. Wenn du diesen Mann in dir kennen gelernt hast, wenn du kennen gelernt hast, dass es da noch eine andere Qualität hinter den Normen gibt, dann taucht die Qualität von Frau-Sein auf. Und du wirst erstaunt sein, was das für ein unglaubliches Ding ist. Das gibt einem wieder die Möglichkeit, nicht zu verzweifeln. Die Frau, die immer schwach ist und immer eins drauf kriegt und leidet, hat diese weibliche Qualität nicht.

Und die männliche Qualität ist nicht "zuschlagen". Das ist nicht männlich. Es ist die Qualität eines Meisters, der dich töten kann. Mit einem Schlag. Er kann das, er hat die Potenz, aber er wird es nicht tun. Weil er es kann. Du könntest zuschlagen, du könntest ein Gefühl wegdrücken, aber du drückst es nicht weg. Du bist Mann und du lässt es zu und lässt den Schmerz zu. Das ist Mann-Sein! Das Ding auszuhalten, das Ding zuzulassen, die Verantwortung dafür zu übernehmen. Das ist etwas völlig Neuartiges. Das ist unglaublich. Und es ist sehr, sehr wichtig, irgendwann einmal im Leben überhaupt zu fühlen, dass es das gibt, dass Männlichkeit etwas Schönes ist.

Das wird dich ein bisschen versöhnen, auch mit deinem inneren Mann, denn der hat auch diese Qualität. Aber dein innerer Mann hat natürlich auch diese verbogene Qualität. Denn du als äußerer Mann bist nicht immer dieser Mann. Du drückst dich da und dort und machst andere schuldig und und und. Es ist wichtig, es einmal an den Gefühlen zu merken, dass es das gibt.

Dann kannst du als Mann auch einmal schwach sein, aber trotzdem bist du ein Mann und musst nicht klein werden. Du bist trotzdem groß und kannst aber auch schwach sein. Die Verantwortung für die Schwäche zu übernehmen, macht gerade die Größe aus! Du kannst auch weinen und wirst trotzdem nicht klein, du bleibst in deiner Größe als Mann. Du stehst zu deinen Tränen.

Das geht weit, weit über dieses Konzept, was ein Mann ist, hinaus. Gelernt hast du, dass ein Mann nicht weint, nicht fühlt und bestimmte Sachen einfach nicht tut. Das ist alles Schwachsinn!

Die männliche Qualität ist, wirklich den Mut zu haben, zu etwas zu stehen, Verantwortung für dieses Leben zu übernehmen.

Das ist das Erstaunliche und das ist in dieser ganz einfachen Geschichte verborgen. Ich habe Jahre daran herum gebastelt, bis das so am Punkt war. Wenn du auch dazu stehst, dass du Wut in dir hast, dass du eigentlich Rache gegen diese Frau in dir spürst und dann sagen kannst: „Oh, das war echt gut! Ich bin einmal dazu gestanden", dann passiert etwas. Ich habe Wut und ich stehe dazu, ich habe Schmerz in mir, ich stehe dazu, ich fühle mich gerade schwach – okay. Das ist männlich! Oder wenn du Unsicherheit fühlst und dazu stehst, aber mit dem Schwert in der Hand! Hör mal, das ist eine Riesenbotschaft, die du jetzt bekommst! Nicht immer toll und überlegen sein zu müssen. Viele Männer sind auch ziemlich unsicher. Ein Mann, ein unsicherer Mann, mit dem Schwert in der Hand ist ein toller Mann. Ein unsicherer Mann, der das verdrängt und weg tut und so tut, als ob nichts wäre, ist ein Feigling. Das ist kein Mann. Du hast jetzt gerade eine unglaubliche Botschaft bekommen. Das ist eine Botschaft in Form eines Gefühls.

Es hört alles auf zu existieren, wenn du dazu stehen kannst. Wenn diese Qualität in dir ist und du beginnst, zu diesen Dingen zu stehen, brauchst du nur eines tun: Fühl den Mann in dir drin, dieses

Schwert. Wenn du dich nicht traust, dann zieh dich kurz zurück, zieh das Schwert und fühl den Mann! Das ist es! Dann gehst du wieder zurück und sagst: „Okay, ich habe jetzt Scheiß gebaut. Okay, ist so. Ich stehe dazu“. Und die anderen sind beeindruckt. Da ist nicht wirklich eine Schwäche, das ist Stärke. Und sie werden etwas fühlen in dir, sie werden beeindruckt sein von dem, was sie in dir fühlen. Es ist eine Größe, einen Fehler zuzugeben. Es ist eine Größe, eine Schwäche zuzulassen. Du wirst eine unglaubliche Klarheit, eine Unverwundbarkeit spüren. „Ich bleibe hier. Ich renne nicht davon. Ich halte es aus!“

Die im Bodybuilding–Studio nur vor dem Spiegel stehen und ihre Muskeln trainieren, das sind keine Männer. Das sind Babies. Ich werde euch dann erzählen, was mit solchen Typen meistens passiert. Die sind nämlich in Wirklichkeit ziemlich weiblich, nicht männlich. Dann wirst du auch plötzlich Gefühle spüren. Es werden vor allem öfter keine Gedanken mehr da sein, sondern nur Gefühle. Und du wirst erfahren, wie viel Spaß und Freude es auch macht, Mann zu sein. Dieser ganz neue Aspekt wird dich sehr berühren. Freude und Schmerz sind ganz nah beieinander und können sehr schnell wechseln, wenn du beides erlaubst. Der Schmerz wird Freude. Das ist verrückt. Das ist magisch.

Das ist aber auch noch potenzierbar. Manchmal traut man sich nicht oder manchmal hat man das auch nicht. Man hat nur das Gefühl, dass man das nicht kann, nicht dazu in der Lage ist. Spätestens in der "Biotiversity" werde ich das aus dir heraus kitzeln. Und du wirst wütend werden, wie du noch nie wütend warst. Und das ist total gut, weil das ehrlich ist.

Du kommst als Kind hierher, man nimmt dir dein Leben weg, du darfst gar nichts. Du darfst nicht du selber sein, du musst jemand anderer sein, du musst den Eltern gehorchen. Da du die Liebe der Eltern brauchst, musst du das tun, was sie von dir verlangen. Zum Beispiel: Möchtest du jetzt spielen, dann willst du dir eine Kappe aufsetzen, dann musst du die Stutzen anziehen, die kratzen. Du wirst förmlich vergewaltigt. Du musst Dinge essen, die du nicht willst, du musst schlafen gehen, wenn du nicht müde bist. Da fühlt man sich ziemlich vergewaltigt. Und ein Kind begehrt auch auf. Du wirst zerbrochen, aber tief in dir drinnen steckt die Wut. Du hast dich zwar angepasst und du hast das soweit auch weggesteckt, weil es ja nicht sein darf. Du überlebst es als Kind nicht, wenn du wirklich protestierst, wenn du wirklich dein Ding machst. Also haben wir das alle zurück gesteckt und später, wenn man sagt: „Komm, wehr dich einmal", hast du keine Ahnung, wie das geht. Du hast dich nie gewehrt und kannst das auch gar nicht.

Trotzdem ist diese Kraft in dir drinnen, im absolutesten Sinn. Und ich habe gemerkt – im Laufe der Jahre immer wieder – dass diese Wut eine ganz wichtige Energie ist. Denn wenn diese Wut nicht gelebt wird, dann hast du keinen Zugang zu deinen Gefühlen. Das ist ein ganz wichtiger Part in deinem Leben. Das brauchst du nicht zu bewerten. Das ist in Ordnung. Es einfach so und es ist okay.

8. Sei mit dem was ist und eine neue Welt entsteht

„Es macht nichts" ist der wichtigste Satz in deinem Leben!

Wenn du ein traumatisches Erlebnis hast oder hattest, wenn z.B. dein Partner stirbt oder abgeschoben wird, weil er Asylwerber ist und du eine Tochter mit ihm hast, ist das nicht einfach zu verkraften und du wirst wahrscheinlich eine ziemliche Wut auf die Behörden haben. Du wirst auch eine große Traurigkeit spüren, denn da ist eine Verletzung, dass man etwas mit dir macht.

Jetzt geht es nicht darum, dass du im Außen etwas tust. Das Interessante ist, wenn du das spürst und zulässt, ist es nicht mehr notwendig, dass da außen etwas passiert. Die Außenwelt ist nicht die Ursache. Die Ursache ist, dass du eine Überzeugung oder ein Glaubenssystem in dir hast. Du hattest vorher schon Angst, zum Beispiel die Angst verlassen zu werden. Und die Welt präsentiert dir diese Angst, weil die Frequenz von dir ausgeht.

Das ist die Wahrheit. Das heißt, du suchst dir deinen Partner aus. Oder bist du zu deinem Partner gezwungen worden? Nein. Sind wir hier in Indien? Wir sind nicht in Indien. Du kannst dir deinen Partner aussuchen, du kannst aber auch sagen "Nein, ich will nicht". Aber du hast dich für diesen entschieden. Damit kaufst du dir genau das ein, woran du glaubst. So kaufst du dir deine Nachbarn, deinen Bürgermeister, die Fremdenpolizei und deinen Vater ein. Du kannst mit Fahnen gehen und protestieren, aber das macht keinen Sinn, das bedeutet nichts für die Welt. Es haben alle Revolutionen nichts gebracht. Nichts. Es ist letztlich alles wieder gleich weiter gegangen.

Die Veränderung muss innen sein und der neue Mensch, der auf dieser Erde entsteht, ist ein Mensch, der innen in Balance ist und das ist das Paradies. Dann kann außen auch nur noch das Paradies sein. Anders geht es gar nicht. Wenn innen Harmonie ist, muss außen das Paradies sein.

Wir leben in einer Gesellschaft, wir haben Eltern, wir haben Großeltern, wir haben Lehrer, wir haben eine Menge, Menge Leute, die uns alle lehren, wie wir sein müssen und wie wir nicht sein dürfen. Das muss so sein, so darfst du nicht sein, man ist nicht wütend, man darf das nicht zeigen, man darf nicht traurig sein, man zeigt nicht, wenn man jemanden gern hat. Das tut man einfach nicht.

Oder du würdest gerne jetzt sagen „Ah, ich will nicht!“ Doch du lächelst stattdessen. Es ist so gut, wenn man einmal so sein darf, wie man sich gerade fühlt. Dir endlich einmal die Erlaubnis zu geben, so zu sein, wie du bist, tut unglaublich gut.

Der Kopf möchte es immer anders haben, als es ist. Wenn es schneit, dann möchte er, dass es nicht schneit, wenn die Sonne scheint, dann möchte er... Der will immer etwas Anderes. Er möchte, dass du anders bist, als du dich gerade fühlst. Da reicht es aber nicht, einmal zu sagen: „Ja, das verstehe ich, das habe ich". Es geht darum, diese Dinge auch endlich mal zu fühlen. Wenn du das da sein lassen kannst, was gerade ist, eröffnet sich ein völlig neuer Raum.

Wenn zum Beispiel ein Mann zu dir hässlich ist, du das abholen kannst, wie wir sagen, dann wird ein anderes Verhalten in dein Leben kommen. Und es wird möglicherweise ein toller Mann auftauchen. Das ist so. Irre, nicht? Aber der schöne Mann kommt nur, wenn du den hässlichen zulässt. Es ist immer so. Wenn du das nimmst, was jetzt ist, herrscht Frieden in dir. Wenn du etwas Anderes vor hast, wenn du etwas Anderes willst, wenn du da rein drückst, dann mischt sich viel vom Verstand hinein. Das Leben läuft in Gegensätzen ab. Es bewegt sich immer von einem Pol zum anderen. Es gibt kein anderes Leben in der Illusion.

Es ist wirklich egal, was in dir gerade vorgeht, ob da viel Traurigkeit oder viel Wut oder was auch immer ist. Es geht nur darum, das zu akzeptieren, das zuzulassen, da zuzustimmen. Das ist endlos. Ein endloses Experiment. Das geht immer weiter und weiter und weiter. Deshalb bist du hier. Du bist hier, um zu wachsen, um in dich hinein zu hören, um immer wieder zu sehen, um immer wieder hin zu schauen und in Bewusstheit zu sein.

Wenn du in deinem Leben immer wieder diese Risiken eingehen willst in Richtung: Okay, jetzt habe ich keinen Halt, jetzt habe ich keine Kontrolle darüber und jetzt schau ich einfach einmal, was passieren wird und du fühlst und fühlst immer wieder, dann ist es die richtige Richtung.

Nach und nach kannst du zuschauen, was du machst und wenn sich der Verstand einmischt, dann ist das halt jetzt so. Meditation heißt, du schaust zu und wenn der Verstand da ist, dann ist der Verstand da.

Es gibt einen Satz, der noch wichtiger ist als "Ich liebe dich" und der heißt "Es macht nichts". Und das ist so. Denn wenn du sagst "Es macht nichts“, dann kannst du etwas akzeptieren. Wenn du sagst: „Ich bin unmöglich, okay, ich habe das eben jetzt nicht gekonnt. Das macht nichts“, dann ist Akzeptanz da.

Wenn du dir verzeihen kannst, wenn du sagst: „Komm, das ist nicht so tragisch, da habe ich einen Fehler gemacht oder ich kann das halt noch nicht. Macht nichts. Nicht so schlimm“, dann liebst du dich selbst. Verzeihen ist die Liebe zu dir selber, wenn du dich nicht fertig machst, wenn du dich nicht runter machst.

"Es macht nichts". Das sind drei ganz wesentliche Worte. Die solltest du dir merken. Heute hast du den Tag wieder einmal versaut, ja. Du hast nichts weiter gebracht, ja. Und wenn du dich dann so richtig fragst, was du heute gemacht hast: „Ja, ich weiß es nicht, ich habe ja gar nichts gemacht. Es macht nichts!“

"ES MACHT NICHTS!"

Dieses "Es macht nichts" heißt: Komm, es ist nicht so schlimm. Das nächste Mal machen wir es anders. Wenn du dich fertig machst, hast du keine Chance, da hast du gar nichts davon. Ich kann dir eins versichern: Wenn du dran bleibst, wenn du das so machst, wird sich das auflösen. Früher oder später. Das kann ich wirklich aus meiner Erfahrung mit Menschen sagen. Es geht aber nur, wenn sie wirklich wollen, wenn sie wirklich okay sagen. Da muss man aber noch eine Menge lernen. Wenn man das mit Druck machen will, geht es auch nicht. Wir müssen lernen, wie man etwas abholt. Das ist eins der schwierigsten Dinge im Leben, obwohl es so kinderleicht ist.

Das kann man nicht auswendig lernen, da gibt es auch keine Formel dafür. Der Kopf möchte natürlich einen Plan dafür haben. Alles, was du in dein Bewusstsein tust, geht irgendwann einmal auf. Das ist so, als würdest du einen Samen in die Erde pflanzen. Wenn man kopfmäßig unterwegs ist, dann ist man ja ungeduldig. „Jetzt gieße ich den Samen schon drei Tage und was ist - nichts ist." Der unsichtbare Samen braucht Zeit unter der Erde. Und plötzlich – eines Tages – ist er da. Diese Zeit, diese Geduld muss man halt haben. Jedes Mal, wenn du den Samen gießt, jedes Mal, wenn du irgendetwas tust, bewirkt das etwas. Das sind alles Schritte, die irgendwann einmal zu einem Ergebnis führen. Du weißt nicht, wann dieses Ergebnis auftaucht, aber es wird auftauchen, mit Sicherheit. Es ist nie umsonst, absolut nicht. Das ist das Einzige, was mit absoluter Sicherheit nicht umsonst ist. Bewusstsein ist das Beste, was du entwickeln kannst.

Wenn du deinen Schmerz loswerden willst, dann funktioniert das nicht. Denn den Schmerz loswerden zu wollen, aktiviert den Schmerz.

Wenn jemand sagt: „Bei mir ist alles furchtbar. Mein Haus ist abgebrannt, mein Sohn ist drogensüchtig und meine Frau ist gestorben. Alles ist furchtbar!" Und ich sage ihm, dass er das einmal abholen muss, den Schmerz einmal fühlen muss, dann springt mir der an die Gurgel, denn er meint: „Ich fühle es ja die ganze Zeit."

Nein, du fühlst es nicht. Du hast zwar den Schmerz in dir, aber du willst ihn nicht haben und damit holst du ihn nicht ab und damit kommt die Sache immer wieder in dein Leben. Das müssen wir erst lernen. Es ist auch nicht möglich, das hier jetzt sofort umzusetzen. Aber du kannst einmal eine Idee davon bekommen. Wenn du etwas loswerden willst, hast du null Chance. Das sind die schlechtesten Karten, die du jemals haben kannst.

Nur wenn du das, was du letztlich gewählt hast, auch konsumierst, wenn du dein Beuschel mit Knödeln, das du dir bestellt hast, als du beschlossen hattest, hierher zu kommen, wirklich einmal isst, dann wird das Ding aufhören. Das ist der Hintergrund von dieser Metapher.

Wir glauben oft, den Schmerz ohnehin zu fühlen, aber eigentlich spüren wir nur den Widerstand. Der Widerstand, das ist der Schmerz. Und deswegen geht es nicht. Sag einfach mal: „Es macht nichts. Ich habe es gesehen. Ich sehe jetzt etwas, vielleicht."

9. Der Kontrast

Nur über Krankheit kannst du Gesundheit erkennen

Wenn du niemals Nähe zu deinem Vater aufbauen konntest, er dich nie wirklich an sich herankommen ließ, dich nicht umarmt und gedrückt hat, dann fehlt dir das als Mann. Der Vater ist der erste Mann in deinem Leben und die Mutter die erste Frau. Später tut man sich dann mit Schulfreunden zusammen, um diese Männlichkeit ein bisschen besser kennen zu lernen. Man tauscht sich aus, aber es ist nicht das Gleiche, obwohl es wichtig ist. Wenn Vater und Mutter sich nie umarmen, nie ihre Zuneigung zueinander zeigen, dann hat die Frau keine Unterstützung von der Frau und der Mann keine Unterstützung vom Mann. Im Grunde weiß ein Mann gar nicht, was das sein soll. Er hat keine Ahnung, wenn diese Nähe zum Vater nicht da war. Du konntest seine Körperlichkeit nie spüren und hast nie erfahren, dass das in Ordnung ist. Wenn die körperliche Berührung nur aus Schlägen und aus Bestrafung bestanden hat, dann lernst du, dass das Mann-Sein ist. Aber das stimmt nicht. Mann-Sein bedeutet Power. Später bist du entweder genauso gewalttätig wie Vater oder schwörst dir, das niemals deinen Kindern anzutun. Wenn du das nicht klärst, kann es aber sein, dass du irgendwann doch zuschlägst, weil du ja so sein musst wie Papa, damit er dich lieb hat. Wenn diese Dinge unbewusst in dir schlummern, glaubt der Verstand, dass du immer noch ein kleines Kind bist, dem er das Überleben sichern muss. Das sind Verletzungen, das sind Schmerzen, das sind Kindheitserfahrungen, die sich immer wiederholen, dann später auch in der Beziehung. So lange du das aber nicht fühlst, kann das nicht wirklich heilen.

Um zu verstehen, warum wir gerade in diese Familie hinein geboren wurden, müssen wir uns das Prinzip des Kontrastes anschauen.

Du suchst dir die Familie aus, in die du hineingeboren wirst, weil du etwas Bestimmtes hier erfahren willst. Wir machen das deshalb so, weil wir anhand der schwierigen Situation ein großes Potential haben, etwas zu erkennen. Je heller das Licht, desto dunkler die Dunkelheit. Je schwärzer sie ist, desto heller ist das Licht. Das ist so.

Wir haben uns so einiges im Außen ausgesucht: Deine Elterngeschichte, das Land, in dem du geboren wirst, die Religion, so diese groben Dinge in deinem Leben. Das hast du schon gewählt. Da hast du gesagt: „Ich will es wirklich wissen!“ Und du musst einen gewissen Gegenpol haben, sonst kannst du das nicht erfahren. Deswegen hast du das. Das heißt aber nicht, dass diese Sache dein Leben sein muss – gar nicht. Du kannst dein Leben völlig verändern! Gerade weil dieser Kontrast da ist, kannst du es verändern.

Hör mal, ich habe Menschen kennen gelernt, die sagen: „Oh Gott, meine Mutter ist schizophren und sie war außerdem total depressiv und mein Vater ist an Krebs gestorben und der hat Insulin gebraucht und da war das und das und es war so furchtbar. Ich merke schon, wie ich auch so jammere und auch so ein Theater mache.“

Aber das ist nur das, was du glaubst. Das kannst du komplett ändern. Du hast keine Verpflichtung, das so zu leben. Du hast keine Verpflichtung, wenn dein Vater an Krebs gestorben ist, auch an Krebs zu sterben. Gar nicht. Du kannst das verändern.

Du bist der Herr deines Lebens. Nur wenn du kein Bewusstsein hast, wirst du das wahrscheinlich nachleben, was die Eltern dir vorgelebt haben. Du wirst glauben, wenn ich das auch lebe, wenn ich auch krank bin, dann bin ich so wie meine Mutter oder mein Vater und dann werden sie mich lieb haben. Das musst du aber nicht, das musst du nicht!

Wenn dein innerer Mann durch diese Arbeit stärker wird, wird auch der äußere Mann stärker. Der Vater ist ein Bild. Wenn du eine Frau bist, dann gibt der Vater dir sozusagen das Gefühl von Mann-Sein. Und genau das, was er dir gibt oder auch nicht gibt, fehlt dir dann oder wirst du in deinem Leben haben. Wenn du keinen Bezug zu deinem Vater hast, dann hast du keinen Bezug zu deinem inneren Mann und du wirst keinen Bezug zu deinem äußeren Mann haben. Es ist wichtig, dass dieser Mann aktiviert wird. Dein Vater ist der erste Mann in deinem Leben und wenn du als Junge oder Mädchen nie Körperkontakt hattest, hat das fatale Auswirkungen, weil du diesen Mann, diese Männlichkeit nicht kennst. Du gibst in dir drinnen deinem inneren Mann nur einen Platz, wenn du ihn fühlst. Wenn du zu jemandem sagst: „Ich liebe dich" und du spürst den anderen nicht, dann willst du ihn eigentlich nicht. Es gibt ja auch so platonische Lieben, wo man sagt: „Ja okay, ich liebe diese Frau oder diesen Mann, aber bitte bleib da drüben." Aber dann hast du nicht wirklich Kontakt. Und das ist wichtig. Es ist wichtig, dass du deinen inneren Mann fühlst und dich auf die Energie von deinem Vater einlässt. Das nährt deinen inneren Mann. Du hast dein Bild von einem Mann gefühlt. Und weißt du, was dein innerer Mann sagt? Der freut sich wie verrückt! Der sagt: „Endlich habe ich einen Platz in dieser Frau." Das ist total gut! Es hat nichts mit den Geschichten zu tun, die als Kind mit dem Vater passiert sind. Es geht jetzt um die männliche Energie, denn das ist ein Mann.

Solange du mit deinen Eltern, also sowohl Mutter, als auch Vater, nicht klar kommst, wird dein spirituelles Wachstum irgendwann stocken und nicht weiter gehen. Denn wenn du eine Mutter oder einen Vater hast, mit denen du Probleme hast – ich schwöre dir – du hast genau dieselbe Geschichte mit deinen Männern oder deinen Frauen. Das ist dir aber nicht bewusst.

Vater und Mutter sind die zwei wichtigsten Menschen in deinem Leben. Von denen wirst du aufgezogen, das sind am Anfang die Götter und da kommt auch dein Schmerz her, dass du nicht geliebt wirst, dass du verlassen worden bist oder dass dein Vater eben nicht für dich da war. Was dir bleibt ist natürlich, dass Papa dich lieb hat. Jedes Kind möchte das. Warum möchte es das? Weil es die Liebe verloren hat. Diese große Liebe hat es verloren. Es ist hierher gekommen in ein kleines Bewusstsein, es ist in einen Mangel eingetreten. Von der Fülle in den Mangel. Und jetzt will dieses Kind nur eins: Die Fülle wiederhaben, die Liebe wieder haben, geliebt sein. Ein Kind will von Vater und Mutter geliebt werden, mit allem, was es hat. So, und jetzt kommt ein verfluchter Mechanismus in Gang. Das Kind sagt: „Papa, du hast mich verlassen. Ich werde auch einen Mann suchen und finden, der mich verlässt. Hast du mich lieb, Papa? Papa, ich werde keinen besseren finden, als dich, Papa. Magst du mich?" Und das ist ein verfluchtes Ding, das kann ich dir sagen!

Das heißt, du wirst in deinem Leben dafür sorgen, dass die Kindheit, die du erlebt hast, sich tausendfach wiederholt. Und wenn du ganz genau hinschaust, erlebst du deine Kindheit immer wieder. Das ist verrückt. Dein Vater war zum Beispiel nicht für dich verfügbar, war vielleicht da, aber doch nicht da, was ja sehr üblich ist. Er hat zwar das Geld heim gebracht, aber zum Spielen war er nicht da, da war kein Ansprechpartner da, da war der Körper des Vaters nicht zum Schmusen und um dich in den Arm zu nehmen oder dir Schutz zu geben da. Das war alles nicht! Also wirst du dir einen Mann später suchen, der genau so ist. „Schau, Papa, ich hab auch einen Mann, der nicht da ist für mich. Er ist zwar da, aber du warst auch da und doch nicht da und der ist auch da, aber nicht wirklich. Hast du mich lieb, Papa? Ich werde dich nicht kompromittieren. Ich werde keinen besseren finden, als du einer warst." Und jetzt kommt einer - stell dir das mal vor - jetzt kommt einer und kniet sich mit Rosen in der Hand vor dich hin und sagt: „Ich liebe dich über alles, ich will dich heiraten, ich will nur dich und ich werde dich lieben bis weit über alle Inkarnationen hinaus."

Beim nächsten Mal erzählst du deiner Freundin: „Weißt du, der ist ja wirklich lieb. Er hat mir heute einen Rosenstrauß mitgebracht, der kostet mindestens 200 Euro. Der reißt sich den Arsch auf, aber ich kann nicht. Er geht mir echt auf die Nerven." Und du verstehst überhaupt nicht warum. Und die Freundin sagt: „Du hör mal, so einen möchte ich auch. Der ist anständig, der liebt dich und du bist so dumm und schickst den in den Krieg. Du schickst den weg? Warum?" Na, was glaubst du warum? Weil der nicht so ist, wie dein Vater. Würdest du den nehmen, der dich über alles liebt, würdest du einen besseren Mann nehmen als dein Vater war, das würde in deinem Inneren bedeuten, dass du deinen Vater verlieren könntest. Und so machst du eins: Du wiederholst das Leben von damals, das Leben, das deine Eltern dir geboten haben, damit Mutter und Vater zufrieden sind. Wenn deine Mutter schwer krank wurde und sehr früh gestorben ist – sagen wir mit 30 – und du dieses Verhalten von ihr übernimmst, dann kann es sein, dass du auch in diesem Alter schwer krank wirst oder du hast immer Panik, sterbenskrank zu werden, wenn du auf die 30 zugehst. „Schau Mami, ich gehe auch mit 30. Hast du mich lieb?" Auf diese Art kopieren wir die Verhaltensweisen unserer Eltern. Das ist unglaublich und das Erstaunliche ist, dass das fast niemand weiß.

Um der Liebe willen kopierst du diese Dinge. Du wirst so wie die Eltern oder gehst in Rebellion. Das ist dasselbe. Erst wenn du das gelöst hast – und das kann man lösen, indem du diese Dinge zurück weist und du selber du wirst – musst du nicht mehr daran glauben, dass du ein ganzes Leben immer wieder verlassen wirst. Du hast ja ein Misstrauen deiner Mutter und deinem Vater gegenüber und natürlich auch deiner Frau oder deinem Mann, aber auch jeder Frau und jedem Mann gegenüber. „Jetzt redet sie schön, aber wahrscheinlich wird sie auch gehen. Ist logisch, das fühle ich irgendwie, das glaube ich irgendwie, das weiß ich irgendwie." Das ist das, was du glaubst. Und deswegen geht sie. Und wenn sie nicht gehen sollte, dann wirst du dich so verhalten, dass sie geht. Ich schwöre es dir. Du wirst sie hinaus ekeln, sodass sie geht und letztendlich so ist wie deine Mutter. Denn du kannst nicht erlauben, dass sie besser ist. Das wird nicht gehen.

Und wie löst man den Knoten? Lösen kannst du das nur dann, wenn du dir dieser Liebesgeschichte mit deinen Eltern bewusst wirst. Es ist ja auch eine neurotische Beziehung. Du brauchst etwas von deinen Eltern – nämlich die Liebe – und dafür bist du bereit, ein Geschäft zu machen. "Hab mich lieb Mami, dafür mache ich das, was du sagst oder kopiere das, was du denkst. Jetzt bin ich auch so wie du." Sagen wir einmal, deine Mutter ist schlampig. Dann sagt das Kind: „Okay Mami, ich bin auch schlampig. Hast du mich jetzt lieb?" Dieser Mensch kann sich bemühen soviel er will. Er wird schlampig sein, weil die Neurose mit der Mutter das bewirken wird. Auch wenn alle Vernunft sagt: „Komm, werd jetzt einmal ordentlich, räum auf!" Du kannst das nicht, das ist nicht möglich. Das wäre ein Verrat. Das heißt, du kaufst dir eigentlich die Liebe. Es bleibt dir nichts Anderes übrig. Weil du diese echte Liebe, diese bedingungslose Liebe, als Kind meist nicht bekommen hast, bleibt dir nichts Anderes übrig. Dann nimmst du dir eben diese übliche Liebe mit Bedingungen. Und die Bedingung ist: Wenn du brav bist, hat man dich lieb. „Okay, ich bin brav." Jetzt möchte ich noch einen Schritt weiter gehen. Du kommst aus diesem großen Ganzen. Da ist die Liebe. DU bist die Liebe. Du hast aber beschlossen, dass du eine Erfahrung machen willst, also kommst du hierher. Um die Liebe zu erfahren, musst du etwas wählen, zum Beispiel: Angst – irgendein Gegenstück musst du wählen. Wenn das, wo du herkommst, wertvoll ist, dann wirst du hier Wertlosigkeit wählen. Und du wirst dir Eltern aussuchen, die dir diese Wertlosigkeit mit absoluter Sicherheit geben werden.

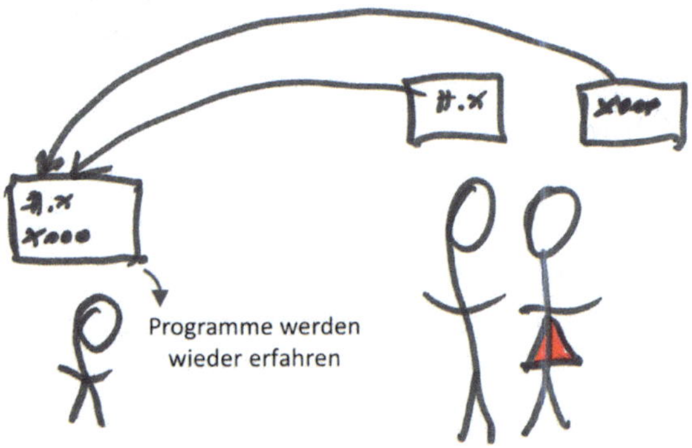

Übernahme der Programme der Eltern

Sie werden dich wertlos machen. Also bekommst du hier ein Programm. Diese Eltern haben da so einen Computer und die geben dir in deinen leeren Computer ein Programm hinein. Jetzt hast du ein Problem. Da, wo du her kommst, ist die Liebe und hier bist du in einem Mangel an Liebe, weil du in einem kleinen Bewusstsein bist. Das heißt, du hast nicht mehr alles zur Verfügung. Du brauchst das aber, du willst das wieder haben. Also wirst du es dir besorgen. Das ist das Problem, das alle Menschen haben. Wir wollen alle geliebt werden und wir wollen es von jemandem haben. Also musst du ein Geschäft machen und das Geschäft lautet: Bitte hab mich lieb, dafür darfst du dein Programm in mich hinein geben. Ein Kind weiß instinktiv: Wenn ich so bin, wie meine Mutter, dann wird sie mich lieben.

Stell dir vor, es kommt ein Kind auf die Welt und alle sagen: „Na, das schaut dir aber überhaupt nicht ähnlich." Der Vater hat abstehende Ohren und das Kind hat anliegende Ohren. Der Vater wird ziemlich frustriert sein. Wenn die Leute aber sagen: „Der hat die Segelfliegerohren von dir", dann wird er sagen: „Tja, das ist halt mein Sohn." Das wird ihn freuen. Das heißt, er wird das Kind dafür lieben, dass es gleich ist wie er. Das weiß ein Kind instinktiv. Ein Kind weiß sofort, wie es zu dieser Liebe kommt, die es ja verloren hat. Also wird es sagen: „Okay, wie krieg ich diese Liebe? Am Besten krieg ich diese Liebe, wenn ich dich kopiere, wenn ich so bin wie du." Und wenn der Vater – wie wir zuerst gesagt haben – jemand ist, der dir ein Programm durch sein Verhalten mitgibt, zum Beispiel: Das du dich verlassen fühlst, dann wirst du sagen: „Okay Papa, ich übernehme dieses Programm."

Das heißt, du wirst in deinem Leben dafür sorgen, dass du verlassen wirst. „Schau Papa, ich werde genau das Gleiche tun. Hast du mich lieb?"

Auch wenn du es hasst, dass die Mutter immer Recht haben muss und das Kind schlägt, wirst du dir schwören, dass du das nie tun wirst, nie! Aber bereits in der Sandkiste beim Vater-Mutter-Kind-Spiel schnappst du dir die Stoffpuppe und haust sie ordentlich her. Schau mal, Mama, ..." Du machst das bereits. Auch wenn du dich bemüht hast, zu deinen Kindern nicht so zu sein. Es kommt ein Augenblick, wo du schmerzhaft sehen musst, dass du das schon gemacht hast. „Scheiße! Ich wollte das nie und jetzt habe ich mein Kind auch geschlagen und ich habe es genauso, mitunter im Wortlaut gleich angeschnauzt, wie ich angeschnauzt worden bin.“

Das ist das Problem. Diese Neurose ist das Problem. So, wenn wir jetzt schon dabei sind, das ist die Problematik, das ist das, was wir im Seminar "Der Neue Mensch" machen.

Es gibt zwei Möglichkeiten, wie du das leben kannst. Das eine ist eine Übernahme, das andere ist eine Rebellion. Das heißt, du wirst das niemals so machen wollen. Wenn du dir vorgenommen hast, deine Partnerinnen nie so zu behandeln wie dein Vater deine Mutter behandelt hat, dann bist du wahrscheinlich immer zuckersüß zu ihnen.

Das ist Rebellion. Und deinen Partnerinnen wird das irgendwann auf die Nerven gehen, dass du so lieb bist, weil du nämlich zu lieb bist, damit du nicht so ein Arschloch bist, wie dein Vater.

Es kann aber auch sein, dass dein Vater zum Beispiel säuft. Er trinkt und du hasst das! Du versprichst dir, das nie zu tun! Du gehst auf Rebellion. Aber du trinkst jetzt nur deshalb nicht, damit du nicht so bist, wie dein Vater, verstehst du? Das ist der Grund, warum du es tust! Das heißt, du hängst an dem Vater. Dein ganzes Verhalten hängt an dem Vater. Es kann passieren, dass du eines Tages da ein bisschen und da ein bisschen und da ein bisschen probierst und auf einmal findest du dich genau dort wieder, wo dein Vater war. Klar? „Schau Papa, ich zerstöre mein Leben auch auf diese Art und Weise. Hast du mich lieb, Papa?“ Du bist wie ferngesteuert. Das ist dir nicht bewusst. Das ist eine neurotische Bindung.

Erst wenn du darauf pfeifst, kann sich etwas ändern und das ist hart. Erst wenn du darauf verzichtest, was bedeutet, das Risiko einzugehen, dass deine Eltern dich nicht mehr mögen, bist du auch in der Lage zu sagen: „Okay, wenn ich eure Liebe nicht mehr brauche, dann gebe ich euch eure Programme einfach wieder zurück. Denn das sind eure Programme und ich bin nicht mehr interessiert daran“. Aber du musst zuerst diese Neurose auflösen. Das ist das, was echt hart daran ist. Oft sagen wir, dass unsere Eltern auch nicht anders konnten, denn sie hatten es ja auch nicht gelernt. Das ist dann eine Entschuldigung. Du bist als Kind hier und die Eltern haben dir das einprogrammiert – du konntest gar nichts Anderes machen. Wenn du nun die Eltern dafür entschuldigst, dass sie es auch nicht besser gewusst haben, hilft dir das aber nichts. Das hilft dir nichts, weil du dann in dieser Geschichte bleibst. Aber du musst das ablegen, du musst das stoppen. Erst dann kannst du sagen: „So, und deine Wertlosigkeit kannst du dir behalten, Vater. Ich brauche deine Liebe nicht mehr. Ich bin nicht mehr gewillt, nicht mehr bereit, das so zu machen. Ich bin nicht mehr gewillt, das zu glauben, was du mich gelehrt hast, was du gelebt hast, nur damit du mich lieb hast. Nein!“ Das ist ein ganz tiefer Prozess. Selbst wenn die Eltern gestorben sind, läuft der Prozess weiter, ja dann geht es erst richtig los!

Oft ist es so, dass du mit Vater oder Mutter in Rebellion gehst und alles anders machst. Und dann sterben sie und dann machst du es so wie sie. Ich habe das schmerzlich an mir erfahren müssen. Mein Vater hat drei Häuser gehabt. Ich habe gesagt: „Niemals, ich bin ja nicht blöd. Da muss man das Dach reparieren, alles immer in Schuss halten“. Ich habe immer nur gemietet. Da kann ich am nächsten Tag gehen und fertig und das geht mich nichts mehr an. Ich nehme mein Zeug und bin weg. Super, Freiheit.“ Dann habe ich den Bahnhof in Kufstein gemietet. Wunderbar.

Dann stirbt mein Vater überraschend. Das ist mir nachher so bewusst geworden. Ich hab mir gedacht, das kann doch nicht wahr

sein! Ich hab diese Dinge ja schon gewusst. Eines Tages setze ich mich hin und schau mir den Mietzettel an und denk mir: Na, bin ich denn wahnsinnig? Wir haben für das Haus ja schon Millionen an Miete bezahlt. Das kostet mitunter ja ein ganzes Haus. Dann habe ich gesagt: „Jetzt reicht's, aber echt! Ich bin doch ein Idiot, warum zahle ich Miete – das wäre jetzt schon unser Hof - fast." Und dann bin ich auf die glorreiche Idee gekommen, den Hof zu kaufen.
Ich hab das damals nicht annähernd gecheckt. Heute habe ich drei Häuser und muss mich um den ganzen Krempel kümmern. „Schau Papa, ich hab auch drei Häuser, so wie du ... Hast du mich lieb, Papa?" Es gibt schlimmere Schicksale, als drei Häuser zu haben, aber ich musste zuerst die Programmierung an meinen Vater zurückgeben. Heute ist das eine neue Geschichte, es ist mit diesen Häusern nicht mehr dieser Schmerz von meinem Vater verbunden. Der hat wirklich nur Probleme damit gehabt. Aber wie sich zeigt, ist das das Faszinierende.

10. Frau-Sein

Kannst du den Gefühlen in dir Platz geben?

Das gilt jetzt für Mann und Frau: Wenn du eine Frau bist, dann ist es wichtig, wenn du im Außen Harmonie haben willst diesen Mann in dir zu verstehen. Der Mann in dir ist irgendwie verletzt. Er ist zwar in dir, sonst könntest du ihn nicht finden, nicht fühlen. Doch das, was üblicherweise in dir ist, ist ein verletzter Mann. Von wem verletzt? Von dir. Und ein verletzter Mann ist ein gemeiner Mann. Der ist ekelhaft, der hält fest, drückt runter, macht lauter gemeine Sachen. So, das Problem ist, wenn du jetzt im Außen einen Mann hast den du überhaupt nicht leiden kannst, dann ist mit Sicherheit dieser Mann in dir. Mit Sicherheit! Wenn du das nicht glaubst, wirst du damit auf Widerstand gehen und du wirst dich fragen, was hier für eine Welt auftaucht, die dich da unterdrückt. Der einzige Fehler ist, dass du dabei vergessen hast, dass das deine Kreation ist. Macht das Sinn? Du bestellst, vergisst, dass du das bestellt hast und dann bist du erstaunt, was du bekommst. Na, so eine Sauerei! Es ist nur so, dass das Vergessen dieses Stück unbewusst werden ist. Und du wirst unbewusst. Du bestellst dir Beuschel mit Knödeln, du vergisst, dass du es bestellt hast, es kommt, weil du es ja bestellt hast und dann bist du erstaunt, fühlst dich als Opfer und denkst dir: „Warum serviert man mir Beuschel mit Knödeln? Haut ab mit diesem blöden Beuschel, ich hab das nicht bestellt." Es ist unmöglich, dass ein Ober dir Beuschel mit Knödel bringt, wenn du es nicht bestellt hast. Es ist unmöglich, dass du in deinem Leben einen Mann hast, den du nicht bestellt hast. Das ist absurd, das geht nicht. Die Welt kommt nicht auf dich zu, denn dann müssten wir sagen, dass die Welt Zufall ist. Zufällig passiert hier nichts, das ist absurd. Welches Glücksspiel findet hier statt? Würfelt hier jemand? Hast du Pech und der Andere Glück? Warum hast du Pech und warum hat der Andere Glück oder warum hast du Glück und der Andere Pech? Warum sind in deinem Alter schon so viele an Unfällen, an Krebs, an dem und dem gestorben? Wieso hast du das Glück und lebst noch, warum? So, das bedeutet jetzt, wenn es da einen äußeren Mann gibt, zu dem du auf Widerstand gehst, dann spiegelt das deinen inneren Mann wider. Du gehst bei bestimmten Männern mit bestimmten Eigenschaften auf Widerstand. Du bezeichnest sie als Angeber und Macho-Typen, die so von oben herab schauen, diese eingebildeten Affen, was auch immer. Dieser eingebildete Affe ist in dir drinnen und muss in dir akzeptiert werden. Und wenn du ihn nicht akzeptierst, wirst du auf Widerstand gehen, und es werden so viele eingebildete Idioten in deinem Leben auftauchen, dass es nur so raucht und im Extremfall werden das deine Partner sein. So, jetzt ist natürlich die Frage, wie man das macht. Wie mache ich das jetzt in mir, wie finde ich den in mir? Das ist ganz einfach. Schau nach außen. Ganz einfach. Du schaust nach außen, du siehst da draußen etwas und du nimmst die Projektion zurück. Du sagst: "Hey, wenn ich das da drüben sehe, dann muss das irgendwas in mir sein. Was ist das in mir? Wo ist es in mir? Wie ist es in mir?" Und dann bist du das einmal, dann fühlst du das einmal und du spürst die rechte Seite, du spürst dort diesen Muskeltypen, der vorm Spiegel steht und schaut, wie er aussieht. Ein gebildeter Idiot. Moment, spür das einmal. Spür diesen Mann einmal und sag einmal ja. Und wenn du das einmal gespürt hast, dann wird der Mann in dir sich sehr verstanden fühlen. Dieses Verstehen vom Mann kommt über das Gefühl. Dann wird er nach und nach friedlich werden. Nicht sofort, aber nach und nach.

Wenn du ein Mann bist, dann ist es dieselbe Sache. Du gehst mit bestimmten Eigenschaften von Männern auf Widerstand. Das heißt, du gehst mit bestimmten Eigenschaften von dir auf Widerstand. Du magst diesen starken Typ da draußen nicht, damit du nicht so ein komischer Typ bist, der Gitarre spielt, Lieder singt und hie und da weint. So, welchen Typen magst denn du nicht? Du als Mann, wen magst du gar nicht? Na, den Typen. Okay, dieser Typ muss in dir sein, mit absoluter Sicherheit.

Wenn dich ein Tick beim anderen stört, dann hast du diesen Tick in dir drinnen. Das Einzige, worum es geht ist, dass du das wirst, was du bist. Wenn du einen Busen hast, eine Muschi hast, dann bist du eine Frau, okay? Auch wenn du dich nicht so fühlst, auch wenn du immer Hosen trägst, auch wenn du dich männlich verhältst, du bist eine Frau. Die Aufgabe ist unter anderem, dass du eine Frau wirst. Nämlich, nicht wirst, du bist es ja eh schon, aber du hörst auf, deine falsche Identität hoch zu halten. Und das ist jetzt ein ganz wichtiger Punkt. Der Mangel auf dieser Erde ist nämlich die Frau.

Wir vergeben Nobelpreise, wir ehren Leute. Warum? Weil sie kreativ sind, weil sie was machen, weil sie männlich sind, deshalb ehren wir sie. Aber es gibt kein Mensch einer Frau jemals einen Nobelpreis für Rezeptivität. Ich denke da gerade an diese Diana-Geschichte. Das war ein interessantes Phänomen. Diese Frau hat einfach ihren Schmerz und ihre Angst gezeigt, hat zugegeben, dass sie in einem Königshaus lebt und eigentlich dauernd kotzen geht und Angstzustände hat. Das hat sie alles erzählt und es hatte niemand, niemand jemals auf dieser Erde, ein Begräbnis wie sie. Von überall, sogar von Asien, sind Sattelschlepper voller Blumen ohne Ende gekommen. Sie hat sehr, sehr viele Menschen berührt. Das war der weibliche Effekt, weil sich eine getraut hat, eine Frau zu sein. Es ist unglaublich, welche Kraft das hatte und was sie damit in Bewegung gesetzt hat. Leider leben wir diese Energie nicht. Leider klammern wir sie aus. Leider sind wir so in der Birne und kontrollieren dieses Leben und meinen, wenn wir alles Wissen haben, dann haben wir begriffen, wie dieses Leben läuft. Haben wir nicht.

Solange die weibliche Energie fehlt, hast du nichts begriffen. Gar nichts. Weisheit entsteht erst durch Liebe. Ohne Liebe gibt es keine Weisheit. Das heißt: Ohne die Frau ist das Wissen belanglos. Wenn du ein schönes Haus nur mit der männlichen Seite baust, wird dieses Haus keinen Menschen glücklich machen. Auf diesen Bänken, in dieser Küche, diesen Hallen, wird keiner sitzen wollen. Niemand wird sich wohlfühlen. Es ist erstaunlich, dass Seminarräume zum Beispiel normalerweise – ich war ja viel in Seminarräumen in verschiedenen Hotels – immer kühl sind. Da gibt es graue Flipcharts, eine schwarze Tafel, aber keine Blumen. Dann sind überall eckige Tische und vielleicht sogar noch ein Neonlicht. Von gemütlich, von weiblich, keine Spur. Wenn du dann in so einem Hotel um ein paar Blumen bittest, gibt es die nicht, außer vielleicht ein paar Plastikblumen. Da stehen aber ohnehin schon zwei Bäume aus Plastik. Wie kannst du kreativ sein, wie kannst du wirklich kreativ sein in so einer Umgebung? Warum kann man da nicht aus dem Fenster hinaus schauen? Warum kann das nicht gemütlich sein? Warum kann das nicht ein schönes Licht haben? Warum muss man sich in diese komischen Sessel mit Tischen hinein zwängen, wo einem alles weh tut? Warum muss das so sein? Wegen der Konzentration? Weil es ernst ist? Weil es Büro ist? Weil es Management ist? Man sieht sofort, wenn irgendwo beides da ist.

Bei einem Künstler, bei einem Architekten, bei einem Menschen, der Mann und Frau in sich verwirklicht hat, wirst du etwas Einzigartiges fühlen. Wenn da ein Mann ist, der sehr erfolgreich ist und seine Frau verhungert neben ihm, dann stimmt irgendetwas nicht. Dann stimmt diese Balance nicht. Dann fehlt die Frau. Das heißt, in diesem Mann fehlt das Weibliche, die Frau hat keinen Platz. Die hat außen keinen Platz und die hat innen keinen Platz. Und er wird nicht wirklich erfolgreich sein. Du kannst viel Geld haben, aber du wirst nicht wirklich glücklich sein damit. Oft sagt man ja: Ich möchte das und das und das. Eine Frau würde fragen: „Und wann genießen wir das? Ich möchte das spüren, ich möchte das fühlen, ich möchte ja nicht nur den ganzen Tag konstruieren, sondern ich möchte in diesem Garten auch einmal sitzen und Händchen halten“. Viele Frauen pflegen ihren Garten und arbeiten dauernd darin, aber sie genießen ihn nicht wirklich. Sie sind eigentlich männlich. Der weibliche Anteil hat keinen Platz.

Jetzt wollen wir uns mal anschauen, was in einer Frau passiert, wenn sie den männlichen Anteil nicht respektiert. Du brauchst für deinen inneren Mann und deine innere Frau nur eines tun: respektieren. Wissen, dass es ihn gibt. Wissen, dass in ihm eine Frau lebt, dass in ihr ein Mann lebt, der bestimmte Qualitäten hat, der auch beleidigt ist, den man unterstützen und akzeptieren kann. Das muss nur respektiert werden, nicht mehr, du brauchst nichts zu machen. Aber was gelebt werden muss ist das, was du bist und das ist, wenn du eine Frau bist, die Frau.

Was passiert mit einer Frau, die ihre Qualität als Frau nicht lebt? Wie kann das überhaupt zustande kommen? Es kann sein, dass du als Frau in einem Elternhaus gelebt hast, wo die Mutter sehr dominant war. Das heißt, die Mutter ist mehr Mann als Frau. Dann kann es sein, dass du deshalb als Tochter auch so wirst wie die Mutter. "Schau Mama, ich bin auch so. Ich lasse mir nichts gefallen, ich bin der Mittelpunkt und ich mache das alles so wie du. Hast du mich lieb?" So, das heißt, dass das Männliche den Vorrang in dieser Familie hat. Das Weibliche, dieses Rezeptive, das hat keinen Platz. Oder: Der Vater ist sehr dominant. Alles dreht sich um das Männliche, das ist wichtig. Der Papa muss gutes Essen haben und wenn Papa schläft, müssen alle still sein. Der Vater, das Männliche, hat eine andere Wertigkeit als das Weibliche, was ja oft auf der Welt auch so ist. Es gibt so viele Länder, wo man kotzen könnte, wenn man sieht, was mit Frauen dort passiert. Man hat die Frau als schwach degradiert, man hat ihre Qualität nicht gesehen. Man hat nicht gesehen, welche Qualität das hat und dass ohne diese Qualität die Menschheit zugrunde geht. Wenn wir diese Kurve zwischen Mann und Frau nicht kratzen, dann klappt es nicht. Zum Beispiel: Vater würde gerne einen Buben, einen Stammhalter haben. Jetzt kommst du aber als Mädchen auf die Welt, doch er erzieht dich wie einen Buben. Er spielt mit dir Fußball und möchte auf keinen Fall, dass du mit Puppen spielst. Dann wirst du, um Vater gerecht zu werden, seine Erwartungen erfüllen: „Schau Papa, ich bin eh ein Bub, hast du mich lieb? Ich erfülle das, was du von mir haben willst." Dann wird diese Frau ihre Weiblichkeit unterdrücken. Wenn sie das tut und in all diesen Fällen passiert das und noch viel mehr, dann beginnst du aus bestimmten Gründen die Weiblichkeit zu unterdrücken und dann wird der Mann in dir die Sache übernehmen.

Du bist eine Frau und als Frau kannst du hier leben. Wenn du eine Frau bist, bist du lebensfähig und zwar voll. Wenn du aber eine Frau bist und diese Frau verleugnest, sie nicht sein willst, dann bist du verloren. Damit das nicht passiert, damit du nicht verloren gehst, kommt jetzt der Mann und übernimmt die ganze Sache. Und dann wunderst du dich, obwohl du eine Frau bist, dass du dich plötzlich für Politik interessierst und über Dinge redest, über die ein Mann redet und nicht eine Frau.

Es ist interessant, dass die Frauen, die für Frauen kämpfen, eigentlich Männer sind. Ist dir das schon aufgefallen? Sie sind Männer. Sie vermeiden diese Weiblichkeit und kämpfen und geben sich wie Männer. Aber ab einem gewissen Zeitpunkt, der sehr bald kommt, kannst du nicht mehr raus, weil du nicht weißt, was geschehen ist.

Selbst wenn dein Vater gar nicht da war, als du geboren wurdest, weil er im Krieg war und deine Mutter dich nur anschaut und denkt, dass der Vater gerne einen Buben gehabt hätte, reicht das schon. Bei dir ist schon der Ofen aus und du wirst schauen, dass du Dinge machst, die ein Bub nur macht. Du wirst vielleicht Fußball statt mit Puppen spielen und Karl May lesen statt „Heidi“. Hör mal, es reicht ein einziger Gedanke. Wenn dein Vater nur eine einzige Idee hat, dich abzutreiben, dann wird das ein Lebensprogramm, selbst wenn du erst ein drei Monate alter Fötus bist. Je früher das passiert, desto stärker wirst du das fühlen. Panik wird auftauchen und du wirst dich oft tot stellen, sodass andere dich gar nicht wahrnehmen.

Ich habe auch Untersuchungen mit Menschen gemacht, die ihren Vater gar nicht kannten, die ihren Vater noch nie gesehen haben. Und wenn du dann die Eigenschaften des Vaters her nimmst, weil du das von deiner Mutter gehört hast, stellst du fest, dass du Dinge genau so machst, wie er sie gemacht hat. Mein Sohn ist nicht bei mir aufgewachsen. Als er ein Jahr alt war, ist seine Mutter mit ihm nach Israel gegangen und vor 10 Jahren ist er das erste Mal wieder bei mir aufgetaucht. Wir haben jetzt ein sehr schönes Verhältnis. Er hat in der Zwischenzeit 5 Kinder. Wir waren einmal zusammen im Supermarkt einkaufen. Ich bin mit dem Einkaufswagen gefahren und habe meine kleine Tochter hinein gesetzt. Dann flitzten wir voraus und meine Schwiegertochter sagt zu meinem Sohn: „Der macht das genau so wie du.“ Er hat das aber noch nie bei mir gesehen! Wir haben viele Dinge festgestellt, die er gar nicht wissen konnte, weil er ja mit einem Jahr schon weg war. Das heißt, diese Dinge sind im Raum. Das sind Frequenzen, das sind Muster, das sind mitunter auch Gene, aber eher weniger, sondern das sind einfach Gedankenvorgänge. Wir haben Verbindungen, besonders zu Menschen, von denen wir abstammen oder mit denen wir etwas gemeinsam haben. Du hast mit einem Menschen, den du liebst, eine Verbindung, und es ist egal, wo auf der Welt er sich aufhält. Mütter haben Verbindungen zu ihren Kindern und eine Mutter weiß, ob ihr Sohn im Krieg gefallen ist oder nicht. Wir hatten einen Fall, da hat eine Mutter erzählt, dass sie eine Feldpost erhalten hat, in der ihr mitgeteilt wurde, dass ihr Sohn für das Vaterland gefallen ist. Doch sie sagte, dass das nicht sein kann. Ihr Sohn sei nicht gefallen. Sie spüre ihn. Der ist irgendwo tausende Kilometer weit weg und sie weiß, dass er lebt, weil sie fühlt, dass er lebt. Und tatsächlich hat sich herausgestellt, dass das ein Irrtum, eine Verwechslung war, dass das nicht gestimmt hat. Die Mutter hat das ganz klar gewusst.

Es gibt da einen Versuch mit einem U-Boot, den Russen gemacht haben. Da hat man die Küken von Enten oder Gänsen genommen und in ein U-Boot verfrachtet. Die Mutter war an Land, irgendwo im Norden von Russland. U-Boote tauchen sehr tief und sie waren weit weg, tausende und abertausende Kilometer. In U-Booten gibt es ja keinen Funkverkehr, deshalb verständigt sich die Besatzung durch Klopfsignale. Jetzt wollte man wissen, was passiert. Registriert die Mutter das auch durch Wasser und Stahl, auch wenn es tausende Meilen entfernt ist?

Man hat auch einen Blindversuch gemacht, damit die Gedanken der Menschen nicht dazu kommen. Einmal wurde auch ein kleines Kind getötet. Durch Zufall sozusagen. Im selben Augenblick hat an Land, tausende Kilometer entfernt, die Mutter reagiert: Schweißausbruch, Puls ist hoch gegangen, hormonelle Veränderungen bei der Mutter an Land und und und... auf die Sekunde genau.

Also, da ist ein Netz, da ist eine Verbindung. Wir sind verbunden. Deshalb hast du eine tiefe Verbindung, wo immer deine Mutter, dein Vater auch ist. Wenn also jetzt ein Vater einen Sohn will, wird das im Raum sein. Du wirst auf Ideen kommen, du wirst auf Bäume klettern, du wirst Fußball spielen usw. Es ist völlig selbstverständlich, dass du das machst. Ich habe früher auch sehr viel Hypnose gemacht, weil man bei manchen Sachen nur mit Hypnose dran kommt und da habe ich gesehen, dass das ganz klar ist, warum diejenige das macht, warum sie ein Bub sein will, warum sie Bubendinge tut und diese Mädchensachen teilweise sogar verachtet. Blödes Puppen spielen, komm, gehen wir lieber Räuber und Gendarm spielen und ich bin der Hauptmann. Das ist so. Das heißt, auf diese Art und Weise wird diese Weiblichkeit unterdrückt. Sie ist eine Frau, aber sie spielt Mann. Damit hat ihr Frau-Sein keinen Platz.

Ich habe da ein Bild, wo man sich das recht gut vorstellen kann. Diese Frau wohnt sozusagen in einem Turm. Ganz oben. Sie ist eingesperrt, du hast sie eingesperrt. Du hast sie in den Turm verbannt und eingesperrt. Das heißt, du kannst diese Frau nicht leben, du kannst diese Frau nicht sein. Und wenn das passiert, gibt's da ja noch einen anderen Teil, einen männlichen Teil. Wenn die Frau eingesperrt ist, taucht der Mann umso mehr auf, um sie zu beschützen. Tatsächlich reitet dieser Mann, dieser Animus, jetzt um den Turm herum und passt auf.

Denn eine Frau, die keine Frau ist, ist sehr gefährdet und da muss jemand anderer her, der auf sie aufpasst und das ist er. Und das, was er vorher beschützt hat, wird er später übernehmen, weil sie ja immer noch im Turm ist. Er muss jetzt aufpassen und er wird so sehr aufpassen, dass eigentlich statt dieser Frau ein Mann agiert. Sie ist im Turm und er ist der, der agiert und das nennt man eine Animus-besetzte Frau. Das ist eine Frau, die sich männlich gibt, die mehr ein Mann ist, als eine Frau. Sie hat eine frauliche Gestalt, sie hat ihre weiblichen Hormone, aber sie geht wie ein Mann. Und wenn sie auch nicht wie ein Mann geht – es gibt ja auch solche – wissen die genau, wo's lang geht und die bestimmen die Sache. Hinter blonden Haaren und blauen Augen und einer zierlichen Gestalt, kann ein totaler Animus sein. Man kann sich da ganz schön täuschen. Männer riechen Animus besetzte Frauen normalerweise zehn Kilometer gegen den Wind und sie fürchten solche Frauen. Bei solchen Frauen – und das sind ja Frauen – ist aber der Mann an der Außenseite, der das Leben managed. Das sind Frauen, die sehr erfolgreich sind. Sie haben eine Firma, verdienen einen Haufen Geld und sagen, wo es lang geht. Sie sind oft Chefinnen, aber oft auch solo und haben niemanden zum Anlehnen. Die sind zwar ziemlich gut drauf, aber wenn sie dann hier her kommen, sagen sie: „Bitte, kannst du mir nicht einmal helfen? Ich weiß nicht mehr weiter." Diese Frauen helfen anderen und manchmal haben sie das Gefühl, wenn gerade keine Arbeit ist, dass sie sich selber gerne einmal wo anlehnen würden. Sie möchten auch gerne einmal eine Schulter haben und einmal ihre Tränen zulassen können. Das können sie aber nicht. Sie sind immer die Starken und dürfen nie schwach sein. Das ist ziemlich frustrierend. Das ist nicht befriedigend. Auch wenn du, dieser Animus in dir, ein Imperium aufbaut, eine tolle Firma hat und sehr erfolgreich ist, diese Frau im Turm ist einsam und sie ist nicht befriedigt. Du kommst als Frau hierher, du bestellst dein Frausein und weist es zurück, hältst es für Käse, hältst Frausein für Blödsinn. Da gehst du an etwas vorbei. Du kannst das, was du bist, nicht erfüllen. Du bist etwas anderes, du gibst dich als etwas anderes aus, weil du dafür Anerkennung bekommst. Heute sagen wir ja, dass jeder, auch die Frau, ihren Mann stehen muss. Ich meine, allein die Idee! Man muss seinen Mann stehen. Wenn sie sofort alles umbauen, alles sofort analysieren möchte und sofort die bessere Geschäftsidee heraus holt, dann ist das ein Mann. Das würde eine Frau nie machen. Aber ein Mann macht das. Solche Frauen sind auch ziemlich gut drauf, die wissen auch viel, die sind erfolgreich.

Das Interessante ist, wenn solche Frauen in eine Beziehung gehen, was passiert denn dann? In einer Beziehung sieht man ja eine Menge, in einer Beziehung kommt alles ans Tageslicht. Eine Animus-besetze Frau wird welchen Mann anziehen? Na, eher einen weiblichen. Aber die Polarität stimmt immer. Das Leben muss ja entstehen. Wenn hier ein Mann ist, dann brauche ich auf der anderen Seite natürlich eine Frau, denn sonst gibt es diese Spannung im Leben nicht. So, jetzt kommt da einer daher und ist begeistert von ihr. Er ist begeistert von dieser starken Frau. Eine starke Frau, toll! Sie ist weniger begeistert. Oft suchen solche Männer die Mutter. Na, da hast du aber eine Gaudi, wenn du für einen Mann die Mutter bist. Jetzt tritt etwas auf, was ihr auch bei euch beobachten könnt. Der männliche Teil in Animus-besetzten Frauen schaut ganz genau, ob da drüben auch ein Mann ist. Sie sitzt am Beifahrersitz und checkt wie er einparkt. Na super, der fährt schon das dritte Mal hin und her und findet noch immer nicht in die Parklücke!

Wie benimmt er sich denn? Was macht er? Sie ist sehr, sehr kritisch. Das heißt, sie entmannt den ziemlich bald. Sie kastriert ihn, bevor er jemals ins Bett gekommen ist. Sie beobachtet ihn und sieht genau, was er macht. Sie will einen Mann, aber das ist er nicht. Das müsst ihr euch vorstellen, das ist ein bisschen kompliziert. Da ist jetzt ein Mann im Vordergrund, klar? Und wenn überhaupt jemand in Frage käme, dann könnte nur ein Mann den Platz frei machen für einen Mann.

Aber was ist denn das für einer da drüben? Sie bemerkt jede Unsicherheit, jede Geschichte. Wenn der Mann jetzt anfängt zu bitten, na, mehr braucht er nicht. Wenn der Mann im Restaurant fragt, was sie essen möchte, dann wachsen ihr schon die Hörner. Wo fahren wir denn morgen hin? Was möchtest du denn gerne?

Sie will nicht gefragt werden, was sie gerne möchte, sondern sie möchte einen Mann haben. Den wird sie entwerten, der wird nicht sehr viele Chancen haben. Vielleicht – vielleicht bleibt sie ja auch bei ihm. Ich meine, es gibt ja solche Ehen. Da ist die Frau riesig, so ein Koloss, die nimmt den ganzen Raum ein und dann kommt da so ein Kleiner daneben her mit den zwei Koffern. Es gibt aber auch etwas anderes. Den will sie ja eigentlich nicht.

Oder es sind die Ehen, wo sie sagt: „Oh Gott nein, ich halte ihn nicht aus. Es wäre klüger, wenn ich es alleine machen würde, weil er einfach ein bisschen zu dumm dafür ist. Und wie er mich schon anfasst – ich könnte ihm direkt eine reinhauen." Der ist natürlich linkisch und je mehr dieser Mann weiß, desto weiblicher wird er schlussendlich und desto mehr Angst hat er. Das ist das Allerschlimmste, was ihr passieren kann: Ein Mann, der Angst hat, ein Mann, der bittet, ein Mann, der fragt und der nicht zuschlägt. Das hält sie nicht aus. So, maximal wird das der Hausmeister von ihr. Das ist jetzt ein bisschen gemein. Aber wenn du ehrlich bist, rennt der halt oft mit und es ist ja ganz gut, wenn man einen Mann im Haus hat. Wenn ein Einbrecher kommt, erschießt zwar sie ihn, aber ist ja egal - Hauptsache ein Mann im Haus. Dieser Mann wird als Billa-Sackerl-Träger (*Pantoffelheld*) benutzt, schiebt den Wagen...
Oder zwei lernen sich kennen, sie nimmt ihn mit zu ihr nach Hause und sagt: „Komm mit rauf zu mir, ich mach ein paar Brötchen und ich habe Durst. Aber einbilden brauchst du dir nichts, das sage ich dir gleich." Sie geht voran, er geht hinten nach, sie öffnet die Wohnungstür – zack zack – sie gleich in die Küche und sagt: „So, pass auf, geh in's Wohnzimmer und mach Licht und Musik und derweil bin ich schon fertig." Sie ist ja schnell. Sie ist schon fast fertig mit

den Brötchen und er kommt dann daher und sagt: „Ich finde den Schalter nicht." Der findet den Schalter nicht! Und da degradiert sie ihn schon zum ersten Mal. Das kommt einer Kastration schon ziemlich nahe. Sie geht mit ihm ins Wohnzimmer und sagt: „Siehst du, dass hier rundherum Vorhänge sind? Der Schalter wird möglicherweise nicht auf einem Vorhang montiert sein, sondern hinter dem Vorhang." Greift nach hinten, findet ihn, und schon ist Licht. „Gut, dann mach du wenigstens die Stereoanlage an, das wirst du ja wohl können!" So ungefähr. Da ist schon ziemlich viel Abwertung mit dabei. Da fällt ihm eh schon alles runter. Jetzt geht auch noch die Stereoanlage nicht, die sonst immer funktioniert! Sie geht wieder rein, schon leicht genervt, und sieht sofort, dass da ein Stecker nicht eingesteckt ist. Sagt zu ihm: „Naja, dann musst du halt schauen, warum sie nicht geht. Da gibt es einen Stecker, den steckt man da rein. Schau wie das geht." Falls die zwei ins Bett gehen, sagt sie, was sie will und dann kann es sein, dass er überhaupt nichts mehr zustande bringt. Denn sie sagt genau wie und was und fünf Minuten oben und drei Minuten hinten und so will sie es haben. Und er kommt voll in Stress! Klar! Solche Frauen sind gefährlich, echt gefährlich und sie werden auch in gewisser Weise gemieden. Trotzdem ergibt sich hier und da etwas, meistens nicht sehr lange und wenn, dann ist es oft diese berühmte Hausmeister-Geschichte. Doch es ist nicht der Liebhaber, es ist nicht wirklich der Mensch, mit dem sie zusammen ist. Das kann nicht passieren, weil beide verdreht sind. Da ist ein Mann, der eigentlich auf der weiblichen Seite ist und eine Frau, die eigentlich männlich ist.

Das kann nicht wirklich gut gehen. Das geht in gewisser Weise gut, weil die Polarität stimmt, aber nicht wirklich. Nicht wirklich, weil es nicht deine Identität ist. Du bist nicht das, was du bist.

Gut, jetzt nehmen wir einmal den anderen Mann her. Was wir

normalerweise unter Mann verstehen, ist halt so ein Macho, der eben lässig tut und Power hat. Wenn der erscheint, wird es kritisch. Wenn ein Macho-Typ auftaucht, dann hat er das Schwert schon oben, so schnell kannst du gar nicht schauen. Das ist jetzt der Animus, der die Herrschaft sofort übernimmt. Und eines ist sicher, der andere wird unterliegen.

Es gibt solche Ehen, wo nur Kampf von der früh bis spät ist. Sie will Recht haben und er meint, dass das gar nicht in Frage kommt, dass das anders gemacht wird. Das klappt nicht, da gibt es nur Probleme. Beispiel er: „Ich habe für morgen Nachmittag Karten besorgt, wir fahren in dieses tolle Restaurant essen, ich habe auch schon das Essen bestellt. Bitte zieh dir das blaue Kleid an, ich hol dich um halb zehn ab, okay?" Sie: "Aha, du holst mich um halb zehn ab und wir gehen essen und ich soll das blaue Kleid anziehen und du glaubst, du musst mich nicht fragen? Sag einmal, bist du noch zu retten? Du bestimmst, was wir machen?" Der Animus denkt sich: „Nur über meine Leiche!" Das wird ein Kampf werden und du kannst sicher sein, dass der gewinnt. Eine Animus-besetzte Frau mit einem Macho als Mann ist eine tödliche Geschichte. Der eine ist ausgeruht, der andere nicht. Der reitet ja nur die ganze Zeit um den Turm herum.

Und eine Animus-besetzte Frau kann sagenhaft aggressiv und brutal sein. Diesen Mann hat sie verfügbar. Der arbeitet nicht, der macht das nicht, der ist verfügbar. Der wartet auf eine Gelegenheit und wenn er herausgefordert wird, dann wird der sowas von brutal. Der ist taff und da kriegen Männer Angst und bevor er Angst hat, wird er sich noch mehr in Position bringen und wird sagen: „Das Spiel verlierst du. Mit absoluter Sicherheit!" So, was bedeutet das jetzt? Sie ist wieder alleine im Turm. Das ist eine Tatsache und die Folgen sind wirklich unglaublich, wenn eine Frau, die eine Frau ist, ihre Frau nicht lebt. Dann wird sie mehr Mann sein. Dieser Animus wird ihr Leben lenken. Und sie wird entweder diesen Mann oder diesen Mann in ihr Leben ziehen. Und was passiert? Sie bleibt alleine im Turm. Das ist der Effekt, wenn sie ihre Frau nicht lebt. Würdest du, wenn du eine Frau bist, jetzt hergehen und sie aus dem Turm heraus holen? Was bedeutet das? Du würdest deine Qualitäten kennen, du würdest deine Sehnsüchte kennen. Was brauchst du? Was willst du? Diese Frau muss sich ihrer Wertigkeit, ihrer Sehnsüchte, ihrer Wünsche bewusst werden, was sie als Frau ausmacht, was eine Frau überhaupt will. Du holst endlich diese Frau aus dem Turm, wenn du sie wieder fühlen lässt. Wenn du ihr die Gelegenheit gibst, Gefühle zu fühlen, dann holst du sie aus dem Turm. Im selben Moment.

Die Frau hat vorherrschend männliche Züge,
der Animus hat sie besetzt.

Und es macht nichts, wenn du sie wieder in den Turm schickst und dann wieder herausholst. Es wird immer wieder mal so sein, dass du dich im Turm wiederfindest. Das ist ein Prozess. Je mehr du Gefühle zulässt, je besser du deine Werte kennst, je mehr du deine Werte erfüllst, je mehr du deiner Frau nachgibst, je mehr du fragst, was sie eigentlich will, was sie möchte, desto öfter kann sie aus dem Turm heraus. „Ich würde gerne mit jemandem zusammen sein, dieses Zusammensein spüren und seine Hand halten. Ich würde gerne da raus gehen und fühlen, riechen." Das ist ihre Qualität.

Aber das tut sie nicht und wenn sie das nicht tut, übernimmt er die Sache. Und er sagt: „Du musst da anrufen, du musst noch das machen, du musst noch einkaufen fahren. Ich habe jetzt keine Zeit, im Regen spazieren zu gehen." Das wäre eigentlich das, was sie wollte. Außerdem sagt der Mann dann sofort: „Ach, da wirst du ja ganz nass und dann haben wir diese Sauerei daheim. Ist nicht sehr sinnvoll."

So untergräbt er das, was sie eigentlich will. Und es ist gar nicht so leicht, denn wenn du vom Animus regiert wirst, bist du mehr Mann. Der Animus ist ein ganz schwieriger Mann. Wo ist meine Frau? Was ist überhaupt eine frauliche Qualität? Was ist das, was ich will? Was ist meine Sehnsucht? Was ist die tiefe Sehnsucht in dir, die du hast, wenn du eine Frau bist?

Viele Frauen antworten, dass sie jemanden an ihrer Seite haben möchten, an den sie sich anlehnen und sich hingeben können. Doch der Animus in ihr kann sich nicht hingeben. Der wird sagen: „So will ich es haben". Der wird das nicht können. Du musst der Frau wieder Platz machen. Und das ist das, was so schwer ist, weil es niemand tut, weil es weltweit einfach nicht Sache ist. Wir sind gewohnt, zu machen, zu tun, zu organisieren, aber wir sind nicht gewohnt, zu fühlen, der Frau einen Platz zu geben. Das müssen wir erst wieder lernen. Wenn du in diese Frau hinein fühlst, dann fühlst du, was es überhaupt bedeutet, vom Prinzip her wirklich eine Frau zu sein. Eigentlich haben wir so ein Gefühl, dass Frau sein schwach sein heißt. Frau sein heißt, ausgenutzt, benutzt werden. So eine Frau willst du aber nicht sein. Du willst bestimmen und kontrollieren, willst machen und tun. Wenn du deine weiblichen Qualitäten verleugnest, dann kommt der Animus. Dann bist du im Turm und du bist einsam, weil der keinen Mann in deine Nähe lässt. Du bist zwar in gewisser Weise erfolgreich, aber allein. Und das kann nicht der Sinn der Sache sein.

So, die Sache ist relativ simpel. Du musst dir diese Fragen öfter stellen. Doch normalerweise, wenn du dir diese Frage stellst, wird sie von ihm beantwortet. Wenn du normalerweise fragst: Was möchte ich denn? Was wünsche ich mir? Dann antwortet er: Ein neues Rad oder was weiß ich. Das ist aber nicht ihr Wunsch. Das heißt, du fragst und er antwortet. So, wie kann man das jetzt machen, dass nicht er, sondern sie antwortet?

Du musst zuerst diese Frau fühlen, du musst zuerst diese Frau zulassen. Du musst zuerst auf die linke Seite gehen und diese Frau fühlen. Sie muss erst da sein, dann kannst du sie fragen. Wenn sie nicht da ist, kannst du sie nicht fragen. Du wirst keine Antworten kriegen, klar? Das macht die Sache schon schwieriger.

Wir sind gewohnt, von der männlichen Seite aus zu agieren. Doch jetzt gehen wir her und fragen unseren weiblichen Teil: „Hey, wie geht es dir eigentlich? Was möchtest du? Was ist dir wichtig im Leben? Was sind die Werte für dich in deinem Leben?“ „Ach, ich möchte mit einem Partner an meiner Seite in Liebe alt werden.“ Ja, das ist ihr Wunsch. Und er möchte das Haus fertig bauen. Das ist sein Wunsch. Damit diese Antwort kommen kann, musst du diese Frau sein. Du musst energetisch auf dieser Seite sein, sonst kriegst du nicht viel von ihr mit. Und wenn etwas schon mit Gefühlen zu tun hat, die wir nicht haben wollen, scheitern viele, weil sie einfach diesen Typ fragen – sie fragen den Verstand. Du kannst nicht den Verstand fragen, um zu wissen, was dein Herz will. Das geht nicht. Da musst du schon auf die Ebene des Herzens gehen, du musst auf die Ebene der Weiblichkeit gehen, damit du von dort eine Antwort bekommst.

Wenn du sie bekommst und du erlaubst dir dann, diese Frau zu fühlen, ihr nach zu geben, dann gehst du vielleicht im Regen hinaus und tanzt. Das ist das, was du willst, das ist das, was sie will. Sie ist sinnlich. Die Frau fühlt, die Frau hat ganz andere Dinge im Kopf als der Mann. Das versteht der Mann nicht, das kann er nicht. Aber er kann verstehen, wenn er in die weibliche Seite geht und sie selber kann verstehen, wenn sie ihre Weiblichkeit zuerst fühlt.

Wenn du jetzt zum Beispiel tanzt und tanzt weiblich und du lässt die linke Seite ein bisschen zu, spürst die linke Seite und spürst diese Gestalt, dann spürst du das Weibliche und du fragst es: Was ist das, was ich will? Was ist das, was du willst...? Und auf einmal spürst du, dass deine Lippen küssen wollen, dass sie diese Zärtlichkeit – oder was auch immer – will. Jetzt ist gerade kein Mann da, aber eine Blume ist da.

Irgendetwas ist da und sie tut es und sie ist total befriedigt. Diese Frau wacht auf, sie verlässt den Turm für einen Moment. Und wenn die Frau den Turm verlässt, dann hat er keine Chance mehr. Er lässt sofort los. Er lässt sofort los und greift nur dann wieder zu, wenn sie ihr Frau-Sein verleugnet. Wenn sie nicht Frau ist, ist er wieder da.

Der Animus ist natürlich nicht gewohnt, dass diese Frau aus dem Turm geht. Gar nicht. Und er wird mitunter alte Spielchen probieren, damit er trotzdem weiterhin das Sagen hat. Das heißt, dass du dich mit dieser Frau verbinden, diese Frau fühlen, in ihre Welt einsteigen und einmal diese Frau zulassen musst. Aus den Antworten, die sie dir geben wird, wird sie dir zeigen, wie eine Frau wirklich ist. Es ist wichtig, dass du das zulässt, dass du davon trinkst, dass etwas in dir, eine neue Qualität sozusagen, aufwacht. Die wirst du nie mehr vergessen. Wenn die einmal erwacht ist, dann ist sie da. Du kannst aus Gewohnheit immer wieder das Alte tun, aber wenn das einmal gesetzt ist, wenn du es einmal erfahren hast, dann wird das immer wieder verfügbar sein. Es liegt dann an dir, wie sehr du in deinem Leben darauf achtest, wie oft du die Frage an sie stellst. Du kannst sie zum Beispiel im Büro, wenn du sehr eifrig und beschäftigt bist, fragen, wie sie das gerne machen möchte. Da taucht vielleicht ein Lachen auf, da will sie zwischendurch vielleicht jemanden anrufen. Dann taucht Wärme und Liebe auf und dann ist sie befriedigt, dann macht sie weiter. Je mehr sie zum Vorschein kommt, desto mehr kommt sie in den Palast und dann wird diese Frau, weil sie eine Frau ist, aus der Liebe heraus handeln. Es ist nicht so, dass sie jetzt keine Akten mehr ablegen kann. Das wird sie machen können, aber das wird sie ihn machen lassen. Das wird sie ihn machen lassen und sie darf das nicht verleugnen. Wenn sie das verleugnet, dann macht nicht er, sondern dann macht nur er. Dann macht sie gar nichts.

In der Außenwelt sagt man: Zu einem guten Mann gehört eine gute Frau, sonst kann er kein guter Mann sein und umgekehrt. Und wenn eine Frau sehr weiblich ist, so wie eine Frau ist, dann ist dahinter ein Mann. Muss sein. Das geht nicht anders. Sonst kann sie keine Frau sein. Also ihr seht, vom Verstand her ist das schon ein bisschen kompliziert. Einfach ist es dann, wenn du fühlst. Wenn du deine weiblichen Qualitäten wieder in dein Leben bringst. Wenn du hergehst und sagst: "Okay, ich komme immer mit Hosen und jetzt erlaube ich mir, meiner Frau, einen Rock anzuziehen. Ich erlaube meiner Frau, einmal Gefühle zu haben. Ich erlaube ihr einmal zu weinen. Ich erlaube ihr einmal, diesen Körper zu fühlen. Ich erlaube ihr einmal, sexy zu sein." Was auch immer. Was will sie? Und wenn sie dir antwortet, dass sie gerne in Kontakt mit dir sein möchte und ein bisschen Pfeffer in dieser Beziehung haben will, weil sie das mag, weil sie das befriedigt, dann ist es wichtig, dass du das geschehen lässt.

Du musst deine Frau aktivieren und ihr auch wirklich diesen Raum geben, sonst passiert es nicht. Er lässt nicht los. Wenn der Typ hier ist, dann fühlst du dich so und dann bist du der Revolutionär. Aber du wirst Männer haben, die hinter dir her trippeln und das gefällt dir nicht wirklich. Nicht wirklich.

Davon gibt es natürlich alle möglichen Mischformen. Einmal das und einmal das. Es ist nicht immer nur das eine. Und das führt dann dazu, dass man sich überhaupt nicht mehr auskennt. Die Weiblichkeit zuzulassen, gilt für Mann und Frau. Das ist das, was hier fehlt. Wenn du als Mann deine Weiblichkeit zulässt, wirst du mehr Mann. Komische Geschichte. Wenn du als Frau deine Weiblichkeit zulässt, wirst du mehr Frau. Der Mann wird mehr Mann und die Frau wird mehr Frau.

Wenn das nicht passiert, verhalten sie sich weibisch, sagen wir einmal so. Ein Mann, der sagt: „Ich will ein Mann sein", steht meistens unter der Rute der Frau. Wenn ein Mann sich genau im Spiegel betrachtet, ob sein Bauch auch nicht zu groß ist oder sein Arsch perfekt ist, dann ist das kein wirklicher Mann. Das macht eine Frau. Ein Mann glotzt und eine Frau will gesehen werden. Wenn er dann vor dem Spiegel steht, dann ist das eine Frau! Das sind keine Männer. Wie werde ich gesehen? Wie sehe ich aus? Das ist eine weibliche Qualität.

Deswegen sagen wir ja immer: „Wie der komisch schaut die ganze Zeit.“ Männer können nicht anders. Männer schauen, was da drüben ist. Und Frauen ziehen sich so an – die wollen gesehen werden. Das ist der Unterschied. Wenn jetzt ein Mann dauernd gesehen werden will, stimmt da etwas nicht. Wenn eine Frau dauernd glotzt, da stimmt dann auch irgendetwas nicht. Umgekehrt ist es auch mit dem Mann so. Wenn er seine Gefühle nicht zulässt, dann besetzt ihn die Anima. Die nimmt Besitz von ihm und diese Männer werden weibisch, werden launisch, werden zickig. So wie eine unbefriedigte Frau.

In beiden Fällen – und das ist das Interessante bei der Sache – dreht es sich eigentlich mehr um dieses Weibliche. Ein Mann muss ein Mann sein, aber er kann es nicht ohne die Frau. Das geht nicht. Und wenn man das alles unterdrückt, vor allem dieses Weibliche, dann kann der Mann kein Mann sein und die Frau keine Frau.

Sagen wir einmal: ein Mann streichelt seine Frau. Normalerweise ist er im Wald bei seinen Bäumen und jetzt streichelt er sie wie seine Bäume. Der hat überhaupt keinen Zugang zum weiblichen Körper, weil er überhaupt nicht weiß, was das bedeutet. Das weiß er ja nicht, das ist ja nicht sein Part. So etwas tut der ja nicht. Der hackt Holz , kann betonieren, fährt mit seinem Geländewagen, jagt im Wald, was weiß ich was und jetzt sitzt sie da. Der kann die Palmwedel sammeln und die Zapfen in den Korb legen, aber mit dem komischen Ding weiß er gar nicht, was er machen soll. Dann tut er halt irgendwie und ihr geht das ordentlich auf den Nerv, weil sie nicht einfach so gestreichelt werden will, sondern sie will Kontakt haben. Aber der hat ja überhaupt keinen blassen Schimmer von Kontakt. Nur die Frau hat eine Ahnung von Kontakt, nicht der Mann.

Dann hat er Sex mit ihr und schaut sie an und fragt sie, ob es gut ist. Das ist nicht das, was sie eigentlich will. Er hat da seinen Leistungsdruck und sie möchte ganz etwas anderes. Sie möchte ihm in die Augen schauen, sie möchte sehen, dass sie begehrlich ist, sie möchte sehen, dass der beinahe durchdreht. Das möchte sie sehen. Das will sie fühlen.

Doch er hat keine Ahnung, was eine Frau fühlt. Würde er einmal auf die weibliche Seite gehen, dann würde er ganz genau wissen, was sie braucht. Wenn du aber als Mann dieser Frau in dir Platz gegeben hast, dann fühlst du genau, wo du hingehörst, wo du hin greifst, wie lang du da hin greifst, was du da tust – das weißt du dann ganz genau. Du triffst 100%ig ins Schwarze. Wenn du das nicht fühlst und sagst: „Das ist ein anderes Ufer, da ist eine komische Gestalt hier, ich weiß nicht, was ich mit der machen soll.“ Dann weißt du eben nur das, was du machst. Du bist auf dem einen Ufer. Du hast keine Ahnung von dort drüben und die Frau hat keine Ahnung von ihm. Die hat keine Ahnung. Ja, und die hält halt seinen Penis da in der Hand und der wird jetzt einfach was brauchen, irgendwas halt. Und er denkt, dass ein bisschen Aktivierung mit der Hand schon nicht schlecht wäre. Die checkt das nicht. Das versteht sie nicht.

Wenn du als Kind gelernt hast bzw. von deiner Mutter gesehen hast, dass das Männliche etwas Besonderes ist und die Frauen arbeiten und tun und machen müssen, dann ist das in dir drinnen. Du könntest jetzt deinen weiblichen Teil fragen, was denn deine Sehnsucht als Frau ist. Es ist ja nicht fraulich, jetzt unbedingt Wäsche zu waschen. Das kann der Mann genauso. Es kommt drauf an, mit welcher Qualität du das machst. Schaust du auf die Schönheit? Machst du das aus Liebe?

Was ist dieses Weibliche? Manchmal kann das Weibliche auch sagen: „Ich möchte für dich da sein. Ich möchte dich in Liebe verwöhnen.“ Wenn Vater in den ersten 3 bis 4 Jahren nicht da war und Mutter alles machen musste, dann erlebst du nur den einen Teil bei Mutter, denn in den ersten Jahren ist die Mutter maßgeblich. In den ersten vier Jahren circa ist mehr oder minder die Mutter maßgeblich. Dann mit dreieinhalb, vier oder fünf kommt der Vater und trägt seinen Teil dazu bei. Das heißt, der Vater, der nicht da ist, der die Mutter allein lässt, der Vater, der sie nicht unterstützt, lässt die Mutter taff werden. Das kriegen die Kleinen mit und insofern ist es auch Sache des Vaters, weil er auch damit zu tun hat. Der Vater ist verantwortlich für diese Familie. Wie die Mutter unterstützt wird, wie sie sich fühlt als Frau, ob sie in ihrer Situation auch zufrieden ist, das ist Sache des Vaters. Das ist eine Sache des Mannes.

Wenn der Vater nur das Geld nach Hause bringt und sonst nichts macht, dann hat er diesen Teil erfüllt. Aber ein Kind ist sehr sensibel. Ein Kind möchte – und jeder Mensch eigentlich möchte – diese fehlenden Teile zusammen haben. Ein Kind möchte nicht nur den Papa für "zeig mir die Welt, zeig mir, was geht" haben, sondern das Kind möchte auch einmal vom Papa gehalten werden. Das Kind möchte natürlich auch von der Mama gehalten werden. Aber es möchte auch, dass die Mama ihm einmal etwas zeigt, dass die Mama einmal etwas macht. Wir wollen eigentlich, dass beide das integriert haben. Das ist das, was wir wollen.

Frage: Willst du einen Mann, der nur ein Mann ist, das heißt, dass er nur Holz hacken kann oder willst du, dass er im Bett vielleicht nicht nur Holz hackt, sondern dir auch etwas Anderes bietet? Das heißt, ein Mann, der das Weibliche und das Männliche verfügbar hat, der genau fühlen kann, was jetzt bei dir los ist, was du jetzt brauchst und wie es jetzt richtig ist, der hat beide Qualitäten. Das ist doch das, was wir wollen. Du willst doch auch nicht eine Frau, die immer nur dient.

Ich habe einmal eine japanische Freundin gehabt, die ist immer hinter mir hergelaufen. Kaum habe ich mich umgedreht, habe ich mich gewundert, wo sie denn jetzt schon wieder ist. Das war schon eine Liebe, aber die war halt gewohnt, dass sie immer hinter dem Mann geht und nicht neben ihm. Das ist eine Zeit lang schon nett gewesen, aber irgendwann ist es mir dann langsam auf die Nerven gegangen und dann habe ich zu ihr gesagt: „Komm jetzt, komm an meine Seite, geh neben mir."

Du willst ja auch, dass diese Frau an deiner Seite auch tüchtig sein kann, dass sie dir auch einmal an die Hand gehen kann und nicht nur so ein Mädel ist, das immer nur hinter dir her läuft. Du willst auch die Balance haben, wo diese Frau, die eine Frau ist, auch einen Mann in sich hat. Wenn diese Balance da ist und wenn sie einen weiblichen Körper hat, dann ist sie eine Frau, dann hat sie sich entschieden, eine Frau zu sein, aber sie hat auch einen Mann in sich. Das ist das, worum es geht. Das ist sozusagen der Meisterschlüssel. Wenn du diese beiden in Balance hast, dann funktioniert alles. Was kann eine Frau jetzt tun, um aus einer Animus-Besetzung heraus zu kommen? Sie muss sich zuerst einmal bewusst werden, dass sie besetzt ist. Sie muss sich klar werden, dass sie möglicherweise mehr männliche Geschichten macht. Das ist einmal das erste. Sie muss heraus finden, was die Werte, die Bedürfnisse, einer Frau sind. Was sind die Bedürfnisse einer Frau? Was will diese Frau? Und dann muss sie dieser Frau einen Platz machen und ihr das erlauben. Dann wird er loslassen. Sie muss Dinge machen, die mehr der Frau entsprechen, sonst wird das nicht gehen. Nur im Kopf geht das nicht. Du musst bereit sein, diese Verletzungen zu fühlen und damit lässt du die Frau leben. Diese Anima gibt es ja eigentlich gar nicht, das ist ja nur ein Symbol. Das ist nur eine Art, Energien zu benennen.

Sagen wir, du bist jetzt in einer Beziehung. Am Anfang bist du ja noch wahnsinnig verliebt, da taucht ja noch nicht viel auf. Doch wenn so eine Besetzung auftaucht, dann müsstest du dich fragen: Was habe ich übersehen? Was hat mich verletzt und ich habe es nicht gezeigt? Was ist mir in letzter Zeit über die Leber gelaufen und ich habe es nicht zugegeben, ich habe es nicht ausgesprochen? Und wenn du es nicht aussprichst, wenn du es nicht zulässt, dann unterdrückst du es. Dann bist du nicht mehr Frau und dann übernimmt er.

Wir müssen den umgekehrten Weg wählen und wieder einmal fragen: Was hat mich verletzt? Gestern, heute früh, wann auch immer. Was hat mich verletzt und ich habe es nicht zugelassen? Die zweite Frage ist: Was möchte ich? Was wünsche ich mir? Was ist meine Sehnsucht als Frau? Welche Sehnsucht hat diese Frau? Was würde diese Seite jetzt gerne tun? Wenn du dich das traust, dann hat sie wieder einen Platz.

Die Schwierigkeit ist aber, überhaupt zu wissen oder einmal herauszufinden, was dieser weibliche Teil denn eigentlich will. Das kannst du nur, wenn du echt körperlich mit der Frau in Kontakt bist, wenn du dich in deine linke Körperseite begibst. In den Seminaren machen wir dazu spezielle Übungen. Ich habe ja das früher auch anders gemacht. Nur zu fragen funktioniert überhaupt nicht. Die Leute wissen ja nicht, was jetzt wirklich was ist. Erst wenn du auf der linken Seite bist, erst wenn du wirklich in Kontakt bist, erst wenn du dir Musik auflegst und ein bisschen tanzt, bevor du dich fragst, die Frau spürst, die Haare, die Haut, dann bist du diese Frau. Und während du tanzt fragst du sie, was das ist, was sie eigentlich haben will. Was wünsche ich mir in meinem Leben? Und dann kommt eine Antwort aus dir. Und das bedeutet, dass du diese Frau ganz erfüllst, dass du ihr das gibst. Denn sonst wird nur er antworten: „Ist ja alles gut und schön, aber jetzt haben wir keine Zeit." Und sie geht leer aus. Der Punkt ist, dass du ihr einen Platz einräumen musst. Sie muss energetisch einen Platz in deinem Leben haben, sonst läuft das nicht. Du wirst vielleicht die eine oder andere Möglichkeit finden, dieser Frau Zuwendung zu geben. Das kann Kleidung sein, das kann eine Umgebung sein, das kann irgendetwas sein, was dich befriedigt. Wenn du nur logische Dinge in deinem Zimmer hast, etwas, was sinnvoll und analytisch ist, was etwas bringt sozusagen, aber da sind keine Blumen, dann wird sie sich nicht gesehen, nicht wohl fühlen. Blumen verwelken ja so schnell und das kostet nur einen Haufen Geld. Die Frau will das aber haben und wenn du dieser Frau die Blumen kaufst, dann bekommt sie einen Platz und findet sich gesehen. Und ich möchte das als Tipp geben. Es passiert dann auch oft, dass ein Mann sich Blumen kauft. Die sind für seine Frau. Und das klingt manchmal für Außenstehende ein bisschen eigenartig. Wieso kauft der sich selber Blumen? Wenn du aber das Gefühl hast, dass dir die männliche Seite vollkommen fehlt, wenn du alles nach deinem Gefühl machst, aber zum Beispiel keinen Orientierungssinn hast, keine räumliche Vorstellung hast und auch keinen Nagel einschlagen kannst, dann kannst du folgendes machen und das ist ganz einfach: Du gehst auf deine rechte Seite, stampfst einmal auf, nimmst das Schwert in die rechte Hand bis du die Energie in dir spürst und dann fragst du deinen inneren Mann: „Wie geht denn das?“ Und dann erlaube dir das einmal. Borge dir von deinem Mann einmal das Motorrad aus und dreh voll auf. Du wirst befriedigt sein. Ich habe schon meinen Frauen einen Bagger fahren lassen, ich habe sie einen 28-Tonner fahren lassen auf der Autobahn, und, und, und. Das ist wichtig, das ist total wichtig. Da ist ja auch etwas Geiles dran, da ist ja auch etwas Schönes drinnen. Dieser Mann braucht auch ein bisschen Raum. In dem Moment, wo du ihm Raum gibst, ihn akzeptierst in seiner Blödheit, seiner Ungehobeltheit, desto mehr befriedigt wird er sein und desto mehr Zugang hast du und dann hilft er dir.

Wenn du jetzt als Animus besetzte Frau in eine Boutique gehst, weil du in der Auslage ein Kleid mit Rüschen gesehen hast, sagt er: „Du wirst doch jetzt nicht da hinein gehen und das vielleicht probieren, oder? Das ist doch nichts für dich, da siehst du doch aus wie so eine Tussi“. Das sagt er schon vorher. Das ist er, der das sagt. Und wenn du reingehst und die Verkäuferin sagt: „Ach, das passt Ihnen aber gut!“ Dann schaut er in den Spiegel und sagt zu dir: „Du siehst wirklich furchtbar aus!“ Und falls du es doch kaufst, wirst du es nie anziehen.

Du musst diesen männlichen Teil irgendwie zur Ruhe bringen, damit du das leben kannst.

Wenn du das zunehmend leben kannst, dann wird Vieles leichter. Du musst mehr und mehr herausfinden, was dein Mann will. Männer wollen halt keinen Blumenstrauß, die wollen zitternde Instrumente, die wollen das Brummen von zwei Motoren hören. Das will ein Mann. Aber die Frage ist, was dein Mann will. Ich habe keine Ahnung, was dein Mann will.

Wenn du ein Mädchen bist, hat man dich vielleicht zum Puppen spielen verdonnert. Die Buben durften auf die Bäume und du warst ein Mädchen und musstest unten bleiben. Aber du wärst auch gern auf diesen Baum geklettert und daher ist es wichtig, dass dein Mann auch diesen Platz kriegt. Du wirst das aber nicht dauernd tun wollen, weil du eine Frau bist. Aber dann wirst du auch verstehen, was ein Mann möchte, was seine Träume sind, was seine Werte sind. Du musst ihn nicht kopieren, du kannst nicht das machen, was er macht, das ist Irrsinn. Du musst nicht auf einmal Kranführerin werden, nur damit du weißt, was Mann-Sein bedeutet. Das ist nicht dein Ding. Aber einmal oben sitzen und das ein bisschen ausprobieren, macht vielleicht Spaß.

Du musst herausfinden, was dein Spaß ist, was deine Werte sind. Was ist das, was du willst? Das sind die Dinge, die du dann in dir entwickeln kannst. Denn der Mann ist ein Lebewesen, das in dir drinnen ist und keinen Raum kriegt. Wenn nun eine Frau Animus besetzt ist, welcher Mann kann sie denn überhaupt herausholen? Das kann ein Mann, der seine innere Frau gefunden hat. Er wird wissen, was diese Frau im Außen will. Der kann sie sofort aus dem Turm holen. Wenn sie alles managen will, was sie auch ihm überlassen und sich entspannen könnte, muss er sie nur fragen, was wirklich los ist, warum sie so verletzt ist. Wenn er seine weibliche Seite auspackt, wird sie auch sofort weich werden und vielleicht gestehen, dass sie auch manchmal jemanden brauchen würde, an den sie sich anlehnen kann. Dann kann sie loslassen und plötzlich ist da eine Frau, die vielleicht zum ersten Mal etwas zulassen konnte und ganz glücklich darüber ist. Hinter dieser Fassade ist eine Frau, die Bedürfnisse hat, die nicht befriedigt sind. Diese Frau hat keinen Zugang zu der Frau in ihr drinnen. Wenn das in einem Mann ist, kann er fühlen. Und dann taut sie auf. Wenn dann wieder irgendwelche Geschäftssachen kommen, dann verschwindet sie wieder und er taucht wieder auf. Je mehr das verfügbar wird, desto leichter wird es. Du kannst auf diese Weise von außen heraus geholt werden, aber wenn du dich als diese Frau erkennst, kannst du dich selber heraus holen. Wenn du diese weiblichen Qualitäten entdeckst – und du musst zuerst in die Weiblichkeit hinein, sonst kannst du es nicht, sonst klappt das nicht – dann funktioniert das. Und wenn sie wieder auf der männlichen Seite agiert und da ist dieser Mann mit den beiden Anteilen in sich, das heißt, dass er in Balance ist, dann hat er diesen weiblichen Anteil verfügbar, wird er diesen weiblichen Teil in ihr hochholen, auch wenn er jetzt nur geschäftlich mit ihr unterwegs ist. Wenn er sie einen Moment in den Arm nimmt oder wenn er in einem Moment sagt: „Hey, komm." Dann wird sie von einer Sekunde auf die andere zerfließen. Ich schwöre es dir. Von einer Sekunde auf die andere.

Wenn sie das sehen kann, dann kann sie sich selber heraus holen, indem sie diese Werte aktiviert oder ein Mann von außen sie immer wieder auf diese Gefühle hinweist. Es ist wichtig, dass dieser Mann ihr von außen durch sein Leben Gefühle zeigt. Wenn du mit so einer Frau irgendwo hingehst, wo du nichts vorhast, was du mit ihr machen willst, sondern einfach, weil es schön ist, weil du jetzt ihre Hand halten willst bei schöner Musik, sie anschaust und lieb bist, dann schmilzt sie! 100%!

Wenn du aber Gefühle nur vorgibst, wenn du Schwäche vorgibst, wenn du Einfühlungsvermögen vorgibst, dann klappt das nicht. Sie wird das mitkriegen.

Ich kenne viele Paare, die in Krisen waren, die geweint haben und nicht mehr weiter wussten. Die habe ich dann damit konfrontiert. Die einzige Möglichkeit, das wieder hin zu kriegen ist, wenn sie sich auf ihren Schmerz einlassen. Etwas Anderes gibt es nicht.

Die haben gesagt: „Okay, lass uns nochmal reden.“ Dann habe ich gesagt: „Sei still, jetzt wird nichts mehr geredet. Was willst du denn reden? Alles, was da raus kommt ist Blödsinn. Alles, was da rauskommt, ist Anklage und Rechtfertigung. Sonst gar nichts. Mach dein Herz auf. Steig runter und öffne dich. Nimm den anderen in den Arm.“

Wenn diese beiden sich mit ihren Gefühlen treffen, dann gibt es wieder ein Verständnis. Es macht keinen Sinn, nur zu reden und zu argumentieren. Vergiss es, es kommt nichts dabei heraus. Wenn du das nicht weißt, dann wirst du es zerreden und nach einer Stunde denkst du, dass der dasselbe schon wieder macht oder sagt. Das geht nicht, das geht gar nicht. Aber es geht in dem Moment, wo du sagst: „Okay, vergiss es. Vergiss die Schuldigmacherei, vergiss das, was passiert ist.“ Wenn die Frau in ihm sich fragt, was sie will, dann kann er ihr das in diesem Moment erlauben. In dem Moment kommt es wieder zu einer Verbindung und du musst nichts dafür tun. Wenn du eine Sache zerredest, bringt das gar nichts, weil beide in der Verteidigung, aber nicht mit ihren Gefühlen sind. Es geht nur, wenn beide offen, wenn beide verletzbar sind. Das ist die Frau. Und wenn in einer Beziehung dieser weibliche Teil nicht aktiv ist – vergiss es. Es funktioniert nicht. Reden macht keinen Sinn. Viele sagen: Naja, das muss man alles besprechen. Wenn du im Verteidigungs-, im Beschuldigungs-Modus bist, bitte lass es. Lass es, es macht keinen Sinn. Geh in dein Zimmer oder in den Wald und frag dich, was eigentlich passiert ist, was dich verletzt hat. Lass deine Gefühle da sein und riskiere es, dein Herz zu öffnen. Geh erst wieder zu deinem Partner, wenn du das für dich geklärt hast. Und wenn er/sie das auch macht, umso besser. Aber auch wenn der andere nichts macht, keine Ahnung davon hat, funktioniert es trotzdem, weil du bereit bist. Dann kann der andere auch.

11. Alles ist gut

Nicht der Schmerz, sondern der Widerstand auf den Schmerz tut weh

Alles herein zu lassen bedeutet, unverletzbar zu sein. Welch eine Qualität, welch eine Stärke, welch eine Größe! Das ist die Qualität der Frau. Sie trägt die Schale in den Händen, in die sie alles aufnimmt. Das in dir zu spüren – und das machen wir in Übungen in den Seminaren – ist ein neues Gefühl von Frau sein.

Wir haben so verkrüppelte Ideen davon, was eine Frau ist. Niemand will Frau sein, niemand will Schmerz haben, niemand will unterdrückt sein. Doch Frau sein ist eine Qualität, die dahinter ist. Das ist eine Qualität der Schale, der Rezeptivität, das hat Power, unendliche Power und das fühlt sich unglaublich gut an.

So kann man auch das mit diesen 2 Kräften in uns ein bisschen besser verstehen. Das Weibliche hat die Schale in der Hand. Das Weibliche sagt: „Okay, ich fühle es. Ich bin bereit, das zu fühlen“. Das Männliche sagt: „Ich stehe dazu“. Wenn diese beiden da sind, dann löst sich jedes Problem auf. Wenn aber der Körper noch nicht bereit dafür ist, dann sind noch zu viele Geschichten damit verbunden. Dann tut das zu weh und dann bist du noch nicht in der Lage dazu. Wenn du dann sagen kannst: „Ich stehe dazu, dass ich dazu noch nicht in der Lage bin“, dann wird auf einmal deine Energie wieder weiblich. Es ist nämlich nicht der Schmerz, der weh tut, sondern der Widerstand auf den Schmerz. Das Unglaubliche ist, wenn diese Qualitäten da sind und du ja sagen kannst, dann tut es gar nicht weh. Die Illusion löst sich in diesem Moment auf. Es kann sein, dass du gleichzeitig weinen und lachen musst, denn der Kopf kann das natürlich nicht glauben. Der zweifelt und sagt: „Das kann doch nicht sein“. Falls du irgendwann einmal weiter machen willst oder dich noch mehr informieren willst oder noch mehr rein gehen willst in die Sache, wirst du immer mehr die Gewissheit haben, dass das so ist. Und wenn diese Gewissheit in dir zu 100% ist, dann gibt es gar keine Idee mehr. Dann kommt etwas, weil es da ist. Und du wunderst dich und sagst: „Wo ist denn dieser Schmerz?“ Das Leben ist ein einziger ekstatischer Moment, einer nach dem anderen. Du kannst es gar nicht fassen, dass das so ist. Du kehrst nach Hause zurück. Das ist das, was passiert. Da gibt es keinen Schmerz. Im Sein gibt es keinen Schmerz, da gibt es keinen Tod, da gibt es keine Angst, da gibt es keine Krankheit, da gibt es nichts Schlechtes, da gibt es nichts Falsches.

"ALLES IST GUT."

Stell dir vor, dein Haus brennt ab und du sagst: „Es ist gut“. Das ist ein Buddha. Ein Buddha kann das. Ein Buddha sagt das. In jedem von uns ist dieses Potential vorhanden und die neue Zeit wird das fordern. Denn die neue Zeit ist eine Zeit, wo du nicht weg gehst von dieser Welt, sondern wo du hier bist. Hier wird das Paradies stattfinden und da braucht es Buddhas. Sonst wird das nicht passieren.

Eine Teilnehmerin hat einmal nach so einer Übung gesagt: „Frauen und diese Qualität sind wunderschön.“ Das wird dir helfen, deine Frau nicht zu verurteilen. Jede Frau ist doch ein bisschen verdreht und verletzt, aber dahinter gibt es eine Qualität, die unglaublich ist und das ist diese Qualität. Der Mann hat auch so eine schöne Qualität. Das sind die beiden Kräfte, die dich nach Hause bringen. Es gibt nichts Anderes.

Osho hat einmal gesagt und das ist absolut richtig: „Erst wenn du angekommen bist, weißt du, was Mann und Frau ist, kannst du verstehen, was das überhaupt bedeutet.“ Der ganze Weg ist diese Geschichte der Polarität und erst, wenn du nicht mehr drinnen bist, weißt du, was es ist. Trotzdem können wir uns immer wieder annähern, immer wieder diese Erfahrung machen. Was für eine Qualität, einfach ok zu sagen. Das ist Größe, das ist wirklich Größe.

Lassen wir einfach diese unglaubliche Herzensliebe, die so überwältigend ist, die einfach da ist, endlich fließen, egal, was passiert. Einfach nur lieben und fließen lassen und wenn's weh tut, tut's weh. Egal.

Aber das tun wir normalerweise nicht. Es gibt welche die sagen: „Hey, die Liebe muss etwas Schönes sein! Die Liebe ist so schön. Liebe bedeutet aber, dein Herz zu öffnen. Dort ist die Liebe zu Hause. Die Schale in der Hand zu halten und zu sagen: “Was auch immer da rein kommt, das ist Ganzheit und ich klammere nichts aus.“ Du sagst nicht: „Das lasse ich herein, das dort aber nicht. Da mach ich wieder zu“. Dann kann dieses Gefühl der Liebe nicht wachsen. Dann bleibst du in der Trennung.

Am Anfang gibt es ein einziges Geländer, an dem du dich immer orientieren kannst, wo du stehst. Und dieses Geländer ist, ob deine Energie weit wird oder eng. Und wenn du jetzt da stehst und sagst: „Ich lasse geschehen, ich lasse alles geschehen“, dann ist das eigentlich total absurd für den Kopf. Die Gesellschaft sagt ja: „Komm wehr dich, mach das nicht. Das geht nicht“. Aber wenn du es nicht zulässt, wenn du diese Persönlichkeit ausbildest, die sagt: Nein, nein, mit mir machst du das nicht, dann fühlt sich das gar nicht gut an. Wenn du genau hin fühlst, wenn du gelernt hast, wie Energie in dir fließt und wie sich diese Energie anfühlt, wirst du merken, dass es sich gar nicht gut anfühlt. Wenn du aber dein Herz öffnest, merkst du auf einmal, dass es weit wird. Und dann bist du 100% auf dem Weg nach Hause. Das ist der Schmerz, der sich als weit werden von Energie entpuppt. Das ist verrückt und du kannst überhaupt nicht verstehen, was da gerade passiert ist, was für eine Größe das ist! Ich lasse die Traurigkeit zu, total... und ihr merkt schon, dass diese Frau und dieser Mann so Hand in Hand gehen. Man kann das gar nicht so recht unterscheiden. Was ist jetzt die Frau? Die Frau hat die Schale in der Hand und der Mann sagt: „Okay, ich stehe zu diesem Gefühl, ich übernehme die Verantwortung. Ich bin nicht das Opfer der Frau. Das ist etwas, was ich jetzt zulasse, weil es meins ist“. Und die Frau sagt: „Okay, was auch immer in der Schale liegt, fühle ich.“

Wenn du das wirklich so machen kannst, wird es in deinem Leben nicht mehr auftauchen. Der Verstand kriegt nicht auf die Reihe, wenn du zum ersten Mal in deinem Leben Geborgenheit fühlst ohne dass dich von Außen jemand beschützt. Wie kann das Geborgenheit und Sicherheit sein, wenn du dich vorher durch so eine Unsicherheit begibst? Das ist ein Mysterium!

12. Mann und Frau

Einmal wirst du nach oben getragen, einmal nach unten gedrückt...

Wenn du ein bisschen offener wirst, dein Herz mehr und mehr öffnest, dann denk wieder an die Schale und lasse alles rein kommen. Wenn du normal im grünen Bereich agierst, dann hast du alles im Griff. Du kannst alles runter drücken, du kannst alles machen, du kannst alles managen. Klar, dann bist du nicht so verletzbar. Das ist ja auch der Sinn von diesem grünen Bereich. Das ist ja auch völlig in Ordnung, wenn das jemand macht. Nur irgendwann einmal wird es dir auffallen und du wirst sagen: „Ich weiß nicht, das Leben geht irgendwie an mir vorbei, das ist nicht das, was ich wirklich will. Ich kann nichts mehr fühlen, ich habe keine Höhepunkte, es ist nichts mehr". Wenn man Glück hat, lernt man irgendwie die Möglichkeit kennen, wieder in den roten Bereich zu gehen, das Herz zu öffnen und plötzlich reicht eine ganz, ganz klitzekleine Kleinigkeit und dein alter Schmerz ist da.

Mann und Frau in dir zu entdecken hat nicht primär den Sinn, dass es dir gut geht, sondern dass du wachsen kannst. Und da gehört dazu, dass beide, Mann und Frau, einen Platz in dir haben. Aber wir haben uns so sehr hinter dieser Idee, das Leben kontrollieren zu müssen, damit uns nichts passiert, verschanzt. Es passiert dir auch nichts, aber es passiert dir auch wirklich gar nichts mehr. Du brauchst nicht zu glauben, dass du dein Unglück und deinen Schmerz weg tun, jedoch dein Glück fühlen kannst. Das kannst du dir abschminken. Denn das System, mit dem du fühlst, ist ja in diesem Körper und das hat damit zu tun, ob du aufmachst oder nicht. Machst du zu, wirst du nichts mehr fühlen und wenn zu ist, ist zu und du fühlst weder den Schmerz noch die Freude. Das nicht und das ist nicht.

Aber das ist ja auch die Idee dahinter. Du machst zu und dann hast du deine Ruhe. Und damit du dein Leben lenken kannst, gehst du dann in die Birne. Vom Hirn aus lenken wir das dann, aber befriedigend kann das nicht sein. Und das wird immer so sein. Es ist nicht so, dass du hier einen Trick anwenden und sagen kannst: „Okay, ich möchte Gefühle, ich möchte da rein gehen, aber bitte nur tolle Sachen." Das geht nicht. Die Schale heißt nicht: Ich bin die Weiblichkeit, bitte tu mir etwas Schönes, etwas Nettes, etwas Gutes, etwas Liebes herein. Das ist nicht weiblich.

Wenn du offen bist für alles, was in die Schale kommt, ist das Power. Das ist sehr, sehr unlogisch für den Kopf. Ich kann dir eines verraten: Wenn du sensibler wirst, wenn dein Herz mehr offen ist, wenn die Welt viel bunter wird, alles sinnlicher wird, dann wirst du reifer leben. Das musst du wissen. Und wenn ein Partner oft eine Kleinigkeit macht, bist du tief verletzt, so tief im Herzen und du fragst dich, was mit dir los ist. Ja, du bist tief verletzt. Aber du bist auch sehr, sehr schnell wieder draußen. Es ist so, dass du, je mehr du dich öffnest, je tiefer die Verletzungen sind, desto mehr Freude, mehr Ekstase kann in deinem Leben passieren. Wenn du dein Herz zu hast, kann nichts passieren. Das musst du mit hinein nehmen. Du musst beide Pole mit hinein nehmen. Du musst mit hinein nehmen, dass du manchmal nach oben getragen und manchmal nach unten gedrückt wirst. Wenn du aber nur ein paar Dinge machst, damit es dir gut geht, damit du nach oben getragen wirst, dann bist du im Management, dann bist du im grünen, nicht im roten Bereich. Und denk bitte daran: Der grüne Bereich ist vom blauen Bereich, vom Sein, von dem, was du in Wahrheit bist, am weitesten entfernt.

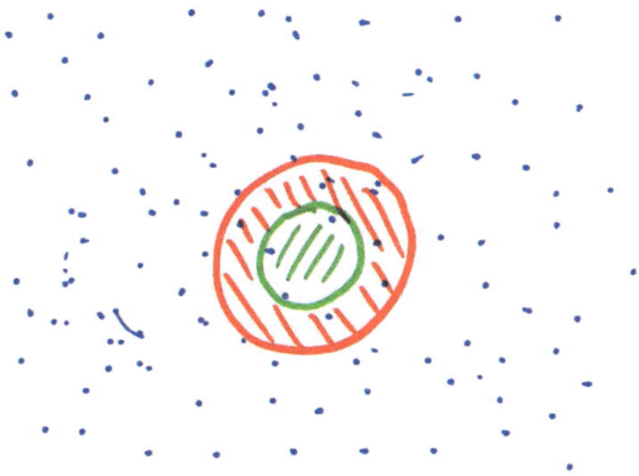

Das blaue Feld ist vom grünen Feld am weitesten entfernt

Menschen, die alles mit dem Kopf machen, sind am weitesten von der Wahrheit entfernt. Sie haben keine Ahnung von dieser Welt. Sie managen, drücken weg, tun und machen, aber sie fühlen nichts mehr. Du hast ein schönes Haus, aber du kannst es nicht fühlen. Du fährst auf die Malediven und da siehst du die Cola-Flaschen liegen, aber fühlen, wahrnehmen, kannst du nichts mehr. Du kannst nicht mehr einfach nur rausschauen und Tränen sind da. Das geht nicht mehr. Das musst du mit hinein nehmen, das ist der Preis.

Es ist deine Entscheidung, was du machst. Du kannst halbwegs damit leben, indem du halt nichts mehr zulässt, dich zum Beispiel der Sexualität heraus nimmst. Du lässt dich eben nicht mehr wirklich ein, nur noch so ein bisschen und mit dem gibst du dich zufrieden, denn wenn der andere nein sagt, ist es nicht so schlimm, tut es nicht so weh. Nur nicht zu viel zeigen, das wird von den anderen nur ausgenützt. Du bleibst lieber ein bisschen heraußen und machst alles ein bisschen logisch, analytisch, mit der Birne sozusagen, mit dem Hirn, denn du hast ja einen Verstand, du bist ja nicht blöd. Ja gut, du bist nicht blöd, aber das Leben geht an dir vorbei, das kann ich dir versichern. Diese Wahl hast du immer. Man kann schon leben, man kann überleben auf diese Art.

Die ganze Menschheit lebt mehr oder weniger so. Klar kannst du überleben und irgendwie kriegst du es auch auf die Reihe, aber wenn du nichts mehr fühlst, wenn du eigentlich das nicht erfüllst, warum du hier bist, was hat das dann für einen Sinn? Das kann nicht befriedigend sein. Du hast hier eine Wahl getroffen. Du hast die Wahl getroffen, dass du hier Erfahrungen sammeln willst. Du willst erfahren, wer du bist, aber du weigerst dich, etwas zu erfahren, du weigerst dich, zu fühlen. Dann gehst du an deinem Auftrag, an dem, was du dir selber kreiert hast, vorbei. Aber das fühlt sich nicht gut an. Dann zieht sich deine Energie zusammen. Wenn du aber das erfüllst, warum du hier bist, dann wird die Energie sich ausdehnen. Das Ausdehnen von Energie ist glücklich sein, ist Frieden, ist Liebe, ist Weite, ist Schönheit, ist all das. Solche Dinge können passieren, wenn du dein Herz öffnest. Dann kommt vielleicht – deswegen tun wir das ja auch – dann kommt vielleicht auch Traurigkeit. Wenn du heute in deine Wohnung kommst, dann drehst du möglicherweise den Fernseher oder das Radio an, gehst zum Hamster oder hörst deine Mailbox ab, ob da jemand drauf gesprochen hat und dann rufst du sofort zurück. Du bist sofort beschäftigt. Wir können es nicht haben, einfach nach Hause zu kommen und uns hin zu setzen, denn dann könnte Leere entstehen, dann könnten Gefühle kommen, dann könnte das, was du runter gedrückt hast, plötzlich auftauchen. Du würdest dich in deinen vier Wänden allein fühlen, vielleicht unverstanden oder etwas Ähnliches. Aber wenn du viel zu tun hast, merkst du das gar nicht. Trotzdem ist es da. Diese Verletzungen warten auf eine Gelegenheit.

Wenn du aber dein Herz öffnest, wenn du beginnst, anders zu leben, wenn du der Frau in dir Platz gibst – und da reicht oft eine Kleinigkeit – dann passiert etwas Anderes. Das ist irgendeine Zündung sozusagen, eine Initialzündung, die etwas auslöst. Jeder von euch weiß jetzt, dass das nicht real ist, was er da fühlt. Aber es wird nur dann als Illusion erkannt, wenn du es abholst, wenn du es da sein lassen kannst, wenn du sagen kannst: "Okay, ich stehe dazu. Ich stehe zu meinen Gefühlen". Und dazu brauchst du Mann und Frau. Wenn du nicht aufpasst, dann greift die Automatik, dann greift der Autopilot in dir und der Autopilot tut das, was wir immer tun: Was ist denn jetzt wieder los? Warum bin ich denn jetzt so? Warum habe ich denn jetzt so ein Gefühl? Das greift so schnell, so schnell kannst du gar nicht schauen.

Dann ist es gut, sich immer wieder zu erinnern, dass es zwei Kräfte in uns gibt. Der Mann in dir ist der, der sagt: „Egal, was passiert, ich stehe dazu! Ich übernehme die Verantwortung." Und die Frau in dir sagt: „Okay, ich lasse den Schmerz herein, wie auch immer er sich anfühlt". Die zwei sind unschlagbar. Wenn du das tust, dann kann sich etwas verändern.

Frau und Mann, zwei Kräfte in Balance,
ein unschlagbares Duo.

Das heißt, die Illusion verdünnt sich, denn du hast dir vorgenommen, dass du deinen Gefühlen einen Platz gibst und dazu stehst. Du bist nicht das Opfer von dieser Geschichte und kämpfst und sagst: „Hey, was ist denn das schon wieder für ein Ding“, sondern du weißt, dass das deine Geschichte ist. Das ist ein Ding, das du geweckt hast und du spürst es. Das ist der tiefere Inhalt von Mann und Frau. Es ist nicht so, dass man immer gleich dahin kommt.

In den Seminaren frage ich die Teilnehmer hundertmal am Tag: "Was ist denn so schlimm daran, dass das so ist? Was ist denn da tiefer drinnen in dir? Was schmerzt dich denn so?“ Da geht vielleicht jemand an dir vorbei und du bist verletzt, du weißt es gar nicht. Du bist da in einer blöden Stimmung und dann gehst du in die Küche und schmierst dir ein Brot mit viel Marmelade drauf. Du weißt gar nicht, wie du gesteuert bist. Wie kann der Chefpilot dort hin fliegen, wo er hin will, wenn immer noch der Autopilot am Steuer ist? Er nimmt es sich dauernd vor, nicht mehr länger nach London Heathrow Airport fliegen zu wollen. Er will ja auch einmal nach Paris oder Rom.

Heute fliegen wir nach Rom! Und dann passt du eine Sekunde nicht auf, eine Zehntelsekunde nur und in der Zehntelsekunde macht der Autopilot was? Er dreht um nach London Heathrow Airport und du landest nicht in Rom und wunderst dich, warum es heute in Rom so nebelig ist! Aber wenn du dann zum Hauptgebäude kommst, liest du wieder einmal „London Heathrow Airport.“

Ja, das ist das, worum es immer geht. Du möchtest dort hin und landest hier. Und wir begreifen es nicht. Es ist der Autopilot und der Autopilot ist programmiert. Die Funktion des Autopiloten ist es, immer wenn du auf Widerstand gehst, es noch besser zu machen.

Es gibt nur eine einzige Möglichkeit, den Autopiloten auszuschalten, nämlich indem du diese zwei Kräfte aktivierst. Das sind die beiden, die das kreiert haben und nur die können das auch wieder heraus nehmen. „Okay, das ist meine Verantwortung.“ Der Chefpilot sitzt nicht in diesem Cockpit und haut auf den Autopiloten drauf und sagt: „Na so ein Trottel! Dieses Kästchen geht mir doch so auf die Nerven! Der macht mit mir, was er will!“ Da wirst du keine Chance haben. Der Chefpilot weiß, dass er ihn programmiert hat. Und wenn du dich wieder erinnerst, dass du ihn programmiert hast, dann kannst du das Programm auch wieder heraus nehmen, indem du es abholst und fühlst.

Das ist die Frau. Das andere ist der Mann. Und in dem Moment ist das Ding erfüllt und der Autopilot wird nie mehr nach London Heathrow Airport fliegen. Jetzt kannst du das Steuer in die Hand nehmen und kannst sagen: „Okay, ich fliege jetzt nach Rom“. Und die Maschine dreht nach Rom, weil die Maschine immer mehr das tun wird, was du als Chefpilot willst. Das ist eigentlich das, was im Leben wesentlich ist, nämlich dass dein Leben so läuft, wie du es haben willst, ganz genau so. Das ist das, was wirklich befriedigend ist. Wenn du heute lieben willst, wenn du heute fröhlich sein willst, werden Dinge aus deinem Unterbewusstsein geholt oder gerufen und das Leben, das dann auf dich zukommt, ist nicht einfach. Du rufst das Leben, das auf dich zukommt. Was du nicht weißt ist, dass das Frequenzen in dir sind. Wir müssen lernen, diese Dinge aus dem Automaten zu entfernen. Dann kriegst du dein Leben mehr und mehr in die Hand und es freut dich einfach. Du stehst auf und sagst: „Jetzt will ich meinen Partner in den Arm nehmen und all die Liebe für ihn fühlen.“ Er kommt und du machst das und es fühlt sich unglaublich schön an.

Wenn du aber unterirdisch so ein paar Dinge gespeichert hast, wie "Ach, der geht mir auf die Nerven... und dauernd muss ich... und und immer wieder"... und gehst dann hin und möchtest ihn umarmen, dann kommt der Autopilot und sagt: „Oh, das ist ja die Alte, die mir immer so auf den Wecker geht." Das ist dann eine tolle Umarmung! Das heißt, du wirst total sauer sein, dass das, was du willst, in deinem Leben nicht stattfindet. Das Glück im Leben hat tatsächlich sehr viel damit zu tun, wie viele Entscheidungen in deinem Leben sich verwirklichen. Und du bist happy, wenn das passiert und zwar in dem Maße, indem es passiert. Du bist nicht happy, wenn du dauernd Entscheidungen oder keine Entscheidungen fällst, was ja die meisten Menschen tun. Der Autopilot fällt dann die Entscheidungen. Dann findest du ein Leben vor, wo du sagst: "Das kann es doch wohl nicht sein! Was ist denn jetzt schon wieder los?" Du hast eigentlich keine Zuversicht oder keine Überzeugung in dir drin. Der Gewissheitsgrad deiner Überzeugung ist zu gering, um einen Einfluss auf dein Leben zu haben.

Jedes Mal, wenn du so etwas erlebst, jedes Mal, wenn du etwas abholst, jedes Mal, wenn du sozusagen der Chefpilot bist, der den Autopiloten beeinflussen kann, wird dein Chefpilot stärker. Dein Bewusstsein wird stärker, indem du kreierst, was du willst. Das ist tatsächlich befriedigend. Schau hin. Glaube nicht diesen Büchern, die da sagen: „Ja, wenn du das sein lässt..." Ich habe nicht diese Erfahrung. Wenn du dir heute vornimmst, dass du jetzt diese drei Sachen machst und sie dann auch wirklich machst, bist du sowas von befriedigt. Ja, oder nein? Aber sowas von. Und wenn du dir vornimmst, du willst das jetzt machen und dann ist etwas Anderes und dann kommt das und dann passiert das und das und das. Du kannst nichts machen, du kannst nie für dich Zeit haben, du kannst nie in deinem ganzen Leben für dich das tun, was du wolltest. Das ist sowas von unbefriedigend! Und da kannst du beten soviel du willst, das wird nicht befriedigend sein.

Wenn der Autopilot wieder einmal die Herrschaft übernimmt und du bist hilflos und kannst nichts dagegen tun, dann sag dir einfach:

"ES MACHT NICHTS!"

Okay, macht nichts. Macht nichts. Okay. Das ist einmal das Erste. „Es macht nichts" ist wichtiger als „ich liebe dich". Es macht nichts ist viel wichtiger! Und dann kommt "ich liebe dich" viel leichter und von selber.

Wenn du erst einmal "es macht nichts" sagen kannst, dann entspannt sich schon etwas. Gut. Und dann kannst du dich fragen, was dieser Schmerz ist und ihn fühlen. Wir nennen das „abholen" und in der "Biotiversity I" lernen wir abholen und abholen und abholen. Das heißt, dass du den Autopiloten nach und nach entfernen kannst.

Bei der "Biotiversity II" ist es etwas Anderes. Das geht es darum, wie du dein Leben kreierst, wie in deinem Leben das passiert, was du wirklich willst. Darüber gibt es eine Menge Bücher, aber funktionieren tun die nicht, weil du die Dinge nicht abgeholt hast.

Du kannst dich nicht vor den Spiegel stellen und sagen: „Ich schau gut aus, ich schau gut aus, ich schau gut aus." Du übersiehst nämlich den kleinen Mann, der da von hinten zuschaut und sagt: „Schau dir den Pickel auf deiner Stirn an!" Das geht nicht. Dieses positive Denken funktioniert nicht in dieser Art. Sehr oft wird es sein, dass dein Autopilot dich einholt. Du tickst dann so, wie du immer tickst: „Oh, da ist ja noch dies oder jenes zu machen usw."
Wenn du einmal dein Leben kreieren kannst, dann kommt etwas

hoch, du holst es ab, fertig. Du kümmerst dich gar nicht mehr darum. Es kann aber auch sein, dass du gerade keinen Bock darauf hast, dir etwas anzuschauen. Es ist zwar deine Geschichte, aber du musst dir nicht alles sofort abholen. Aber wenn du Lust hast, kannst du es dir anschauen. „Oh, das kenne ich auch. Danke, dass du mich daran erinnerst."

Das Wichtigste dabei ist, dass du es machst. Es ist egal, wie es ist. Es ist nicht so tragisch, wenn du dich da so reingehängt hast. Dann hast du dich eben reingehängt. Okay, hast eben ein paar Sachen wieder aufgewärmt. Oder es ist wirklich etwas für dich drinnen. Das ist ja oft so. Wir haben hier öfters dieses Phänomen auf den Seminaren: Da sind wir eine Gruppe und dann passieren Dinge und dann kommen Tränen und da ist das und jenes. Und auf einmal klinkt sich jemand ein. Und der Nächste klinkt sich ein. Und der Dritte und der Vierte und der Zwanzigste klinkt sich ein. „Das ist mein Ding. Das ist mein Schmerz, den der gerade ausdrückt." Alle haben etwas davon und sind begeistert. „Super, dass du dich getraut hast, das zu zeigen und jetzt fühle ich es auch. Du hast mir geholfen, das auch zu sehen. Weil ich gesehen habe, dass das auch ein tiefer Schmerz von mir ist. Und das ist gut, denn ich brauche es nicht zu glauben."

Du kannst dich einklinken, du kannst dich drüben hinein fühlen und gehst wieder heraus, fertig. Und wenn du dich eingeklinkt hast, wenn es dich erwischt hat, dann gibt es zwei Möglichkeiten: „Danke, dass ich etwas lernen kann, jetzt gerade, dass ich das fühlen kann, ja, okay". Oder du sagst: „Okay, jetzt habe ich mich wieder erwischt, jetzt bin ich wieder dem Misthaufen nachgerannt. Es macht nichts. Es macht nichts. Das ist nicht so tragisch." Mach dich nicht verrückt.

Am Anfang stimme ich mehr dafür, dass sich Leute identifizieren. In der "Biotiversity I" bin ich interessiert daran, die Leute dahin zu führen, damit sie endlich einmal etwas fühlen, damit sie sich endlich einmal einlassen. Wir kreieren Szenarien miteinander, wir drücken das Leben zusammen, bis alles rauskommt. Das sind keine Theorien, das ist das Leben. Das Leben drückt uns zusammen und da sind Menschen und Schicksale und Geschichten und Theater und Kindheit und Beziehungen und weiß der Teufel was und das wird sehr dicht. Und dann lernen wir: Wie gehe ich damit um? Wie lasse ich das zu? Wie kann ich das sehen? Was ist da eigentlich die aktive Besetzung hier? Okay, das ist der Schmerz. Ich lasse das zu. Und irgendwann einmal kannst du ihn vergessen.

Du wirst nicht mehr sagen, dass dich das fertig macht, du wirst dein ganzes weiteres Leben nicht mehr auf die Idee kommen, wenn du "ich werde verlassen" endlich abgeholt hast, dass du jemals verlassen wirst. Das geht gar nicht mehr. Das gibt es gar nicht mehr. Und wenn du diese Frequenz nicht mehr hast, wird das natürlich auch nicht mehr passieren. Das wird nicht mehr passieren. Das kann nicht mehr passieren.

Es kann nur das passieren, was du durch deine Frequenz ausstrahlst. Hey, das ist so was von geil, wenn du das irgendwann einmal komplett kapiert hast. Du bist der Lenker deines Lebens! Hör mal, das ist doch das Unglaublichste, was du entdecken kannst. Aber wir wissen ja nichts von diesem Leben, wir schlittern in dieses Leben hinein und dann kommt der Opa und der sagt das und dann will der was und dann kommt das Schicksal und dann bekomme ich einen Schnupfen und jetzt würde ich gern auf einen Ball gehen, aber jetzt habe ich eine Rotznase. Na super, wieder super! Ganz super, Dankeschön!

Da bist du das Opfer und es ist furchtbar, das Opfer auf dieser Welt zu sein. Wir sind einfach total festgefahren. Die Kunst ist, das irgendwie zu begreifen. Das macht echt Sinn.

Wenn eine Frau zum Beispiel zickig oder launisch ist und sie alles nervt, könnte sie sich fragen: „Welches Gefühl habe ich jetzt übergangen? Was habe ich nicht gezeigt? Was war da, aber ich habe es wegrationalisiert, ich habe es verdrängt.“ Sie hat ein Gefühl nicht zugelassen. Da sagt jemand zu dir: Geht's dir gut? Gehst du mit?“ Und du fühlst eigentlich: Nein, ich möchte eigentlich zu Hause bleiben und meine Fotos aus dem letzten Urlaub sortieren. Das möchtest du tun. Aber du gehst über das Gefühl drüber und du gehst mit und ich sage dir was: Du bist dann sowas von launisch. Du bist sowas von launisch und zickig, weil du deinem Gefühl nicht gehorcht hast oder weil du es nicht ausgesprochen hast. Wenn du es ausgesprochen hättest, könnte es so sein: Das Gefühl will einfach gefühlt werden, es will beachtet werden, die Frau will einen Platz haben und wenn du ihr diesen Platz nicht gibst, dann wird sie stinksauer. Das ist so eine weibliche Eigenschaft.

Zum Beispiel Klosterschwestern: Ich war in einer Klosterschule – die sind richtig zäh. Da haben wir auch oft gesagt, dass die einmal einer bumsen sollte, dann wäre einmal Ruhe. Ja, ist doch so. Da ist ja was dran. Aber es geht nicht ums Bumsen, es geht nur darum, dass die endlich einmal etwas fühlen. Vor lauter "Das darf nicht sein" und "Das muss so sein..." werden sie so zäh, mitunter so sadistische Frauen, dass es nur noch raucht. Frauen will ich da gar nicht mehr sagen, die sind nur zickig, die sind echt launisch. Das fängt schon in der Früh an. Wenn du zur Tür rein kommst, siehst du das schon in ihren Gesichtern.

Genau das tritt aber auch bei Männern auf. Warum bei Männern, wirst du jetzt fragen. Woran kannst du erkennen, ob ein Mann von seiner Anima besetzt ist? Bei der Frau erkennt man Besetzung dadurch, dass sie macht, tut, denkt und organisiert. Sie weiß alles, sie sieht alles, sie repariert den Stecker selber und so weiter. So, das ist diese Animus besetzte Frau, die das zwanghaft machen muss.

Beim Mann ist das so, dass zwanghaft eine Launenhaftigkeit da ist. Warum? Weil er seiner Frau nicht gehorcht. Weil er seine Frau in sich drinnen nicht respektiert. Du bist ein Mann und Männer lassen sehr, sehr wenige Gefühle zu, sie respektieren das Weibliche nicht. Sowohl im Außen, als auch in sich. Die Werte von Rezeptivität, von Schönheit, von fühlen, von offen sein, ignorieren sie. Was bringt es mir, offen sein? Jetzt machen wir ein Geschäft, komm, hopp hopp, zack zack. Wir machen jetzt nicht solche Sachen. Das interessiert Männer nicht.

Diese Männer ignorieren das Weibliche und geben ihm keinen Platz. Sie fragen sich nicht, wie sich etwas anfühlt, das interessiert sie gar nicht. Sie sagen: „So machen wir das und das ist so und da brauchen wir das und Licht brauchen wir noch und dann noch das und fertig.“ Die fragen sich nicht: Ist das angenehm? Macht das frei? Ist das schön in diesem Raum? Wenn sie die Frau fragen würden, würde sie sagen: Es ist furchtbar in diesem Raum. Es ist zwar technisch alles da, aber es ist furchtbar hier. Doch der Mann kommt gar nicht auf diese Idee.

Wenn sie diese Weiblichkeit, diese Sinnlichkeit übersehen, dann werden Männer launisch. Das heißt, gestern wolltest du etwas machen und du hast es nicht gemacht, du hast es nicht ausgedrückt. Es hat dich etwas verletzt, du hast nicht darauf reagiert. Dein Partner hat dich gefragt, ob du etwas hast. Aber du hast gesagt:“ Nein.

Was soll ich denn haben?" Du bist drüber gegangen. Und die ganze weitere Zeit an diesem Abend bist du launisch. Du verstehst dich selber nicht. Eigentlich wolltest du ja einen netten Abend haben, aber du bist sowas von doof an diesem Abend. Du bist launisch, du versaust den ganzen Abend und du weißt selber nicht warum.

Der Grund ist, dass du über ein Gefühl drüber gegangen bist. Ganz einfach. Du hast etwas nicht ausgedrückt, du hast etwas nicht gefühlt. Du hast diese Frau, die Werte einer Frau in dir als Mann nicht respektiert. Diese Sensibilität, das Gefühl, der Schmerz, alles das sind die Werte einer Frau. Oder du hast einen Wunsch, eine Sehnsucht in dir. Eigentlich möchtest du jetzt mit deinem Motorrad eine Runde fahren. Geil. Aber du gehst nicht darauf ein, du lässt dich herum kriegen von Telefonaten, von Dingen, die du tun musst oder du selber kriegst dich herum und sagst: ja, die Arbeit, sowieso, die Arbeit. Du wirst sauer, du wirst richtig sauer! Du wirst launenhaft, weil du das nicht getan hast. Man muss nicht immer gleich Motorrad fahren, aber du könntest spüren in dir: Hey, da ist ein Teil in mir, dieser andere Teil, der fühlen will. Der möchte den Fahrtwind spüren. Okay, heute machen wir das noch fertig, aber morgen früh ist Motorrad angesagt. Aber dann musst du das auch machen, denn wenn du es nicht machst, dann ist es wie bei einem Kind. Wenn du versprichst, dass du morgen mit ihm in den Tiergarten gehst und du machst das nicht, dann ist es sauer. Deine Frau ist stinksauer.

Unterschätze das nicht. Frauen haben Waffen, da hast du keine Chance, denn Frauen können etwas boykottieren. Die machen das nicht so offiziell, sondern eher inoffiziell. Die boykottieren das einfach. Okay, wenn du dann nicht am nächsten Morgen das tust, dann wird sie Mittel und Wege finden, dann wird sie ihre Launenhaftigkeit plötzlich zum Ausdruck bringen.

Du wirst stinkig werden und du wirst im Büro sitzen, denn du kannst jetzt nicht mit dem Motorrad fahren und bist furchtbar sauer. Und du bringst natürlich auch nichts weiter. Du sagst: „Ich muss das jetzt machen" und sie sagt: „Ach, das geht nicht, ich bin gerade so müde und ich habe jetzt Hunger und durstig bin ich auch. Das ist sie und du kriegst nichts auf die Reihe, nicht ein bisschen. In diesen 2 oder 3 Stunden hättest du auch leicht Motorrad fahren können. Die Arbeit hättest du hundertmal wieder nachholen können. Das kostet dich jetzt drei Tage und dann wirst du dich wieder ärgern, weil du wieder nicht einen Toast, sondern drei Toasts gegessen hast und dann noch diese Tafel Schokolade obendrauf. Das ist sie, sie macht das so. Ich habe eine Untersuchung für die Universität in Salzburg gemacht. Wir haben über 16 Kanäle Meridiane durch Akupunktur aufgezeichnet, wie der Körper auf bestimmte Gedanken, Gefühle etc. reagiert. Unter anderem sind wir dabei drauf gekommen, dass ein Mensch, der seine Weiblichkeit unterdrückt, der die Dinge nicht zulässt, die er fühlt, dass der z.B. höchst Herzinfarkt bzw. Schlaganfall und auch Krebs gefährdet ist. Das steht aber nirgends. Die Medizin sagt, dass man Krebs durch Asbest und alle möglichen Dinge bekommt, aber nicht, dass wir permanent von früh bis spät krebsfördernde Dinge tun, wenn wir unsere Gefühle nicht zulassen. Das steht zwar nirgends, aber es ist so.

Man kann auch eine andere Überlegung anstellen. Vor zehn oder zwanzig Jahren hat es ja noch mehr Völker auf der Erde gegeben, wo man sagt, die sind wirklich autark, die haben keinen Einfluss von draußen. Das gibt es heute fast nicht mehr. Trotzdem muss man heute immer noch feststellen, dass diese Völker, die keine Gesellschaftsordnung haben, die also primitive Völker sind, keinen Krebs haben.

Die müssen sich keine Hosen anziehen, keine Krawatte umbinden, sich nach keinen Gesellschaftsformen richten, sondern sie können sich in ihren Ritualen, in ihren Tänzen ausdrücken. Sie dürfen ihre Gefühle, ihre Sexualität leben und das ist alles erlaubt.

Ich war früher viel in Afrika unterwegs und da habe ich schon den Eindruck gehabt, dass die schon auch ihre Geschichten haben. So ist das nicht. Aber trotzdem können sie das Körperliche zum Beispiel durch ihre Tänze und Rituale ausdrücken. Es gibt auch einfache Regeln, die aber nicht so sind, wie bei uns. Bei uns darfst du nicht alles sagen, du musst dich zurücknehmen und du musst freundlich sein. Du musst permanent etwas unterdrücken. Du kannst heute nicht auf der Straße zu jemandem hingehen und einfach sagen: „Du hast aber schöne Augen." Da kann sogar sein, dass sie die Funkstreife holt. Wir unterdrücken unsere Freude, unseren Missmut, du darfst nichts sagen, du darfst nichts zeigen, nicht traurig sein. So geben wir etwas vor und das System in uns kollabiert. Das fängt natürlich schon in der Kindheit an. Wenn du dann die Launenhaftigkeit auch nicht zeigen darfst, dann wirst du noch launenhafter und letztendlich erstarrst du. Dann wirst du wahrscheinlich an dieser Geschichte sterben. Krebs ist so etwas. Krebs ist ein Kampf gegen sich selbst, sonst gar nichts. Und ich habe dazu eine Untersuchung über Monate hinweg gemacht. Wir bekamen damals ein Gerät aus Russland extra zur Verfügung gestellt, damit wir diese Untersuchung überhaupt durchführen konnten, weil es diese Elektronik bei uns noch gar nicht gegeben hat. Da waren 16 Schreiber, die auf einem breiten Band gleichzeitig alles über die Organe und die Meridiane registriert haben. Das war sehr, sehr faszinierend.

Ich habe das nie veröffentlicht, weil es eigentlich eine Studie nur für mich war, aber es ist nach wie vor unglaublich, was da dabei heraus gekommen ist. Es hat sich gezeigt, dass eine Unterdrückung

– zum Beispiel von deinen Gefühlen – unweigerlich zu einer Schädigung an deinen Organen führt.

Ich wollte damit nachweisen, dass tatsächlich Gefühle und Gedanken absolut mit organischen Schäden verbunden sind, dass die Psyche mit dem Soma, mit dem Körper, total verbunden ist, dass es keine Trennung gibt. Wenn du dauernd so denkst und du dauernd deine Gefühle unterdrückst, dann hat das Auswirkungen auf deinen Körper. Doch das wissen wir meistens nicht. Ein Herzinfarkt oder die Beschwerden, die du hast, können Folgen sein. Früher hatten Männer mehr Herzinfarkte, heute haben es auch zunehmend Frauen.

Früher waren die Frauen vielleicht noch ein bisschen weiblicher. Jetzt machen die Frauen die Männerarbeit, genau so einen Job, genau so hart und das wirkt sich auch auf ihr Herz aus. Die innere Frau hat nicht mehr das Sagen. Wir hören ihr nicht mehr zu und lassen ihr keinen Raum mehr. Sie hat keinen Platz in dir. Sie hat nie die Möglichkeit zu zeigen, wer sie ist, kann ihre Gefühle, ihre Sehnsüchte, ihren Schmerz nicht mehr ausdrücken. Wir übergehen sie und geben ihr keinen Platz.

Das sind Manager. Das sind die Leute, die immer nur sagen, wir machen das jetzt so, aber sie hören nicht auf ihren Körper. Der Körper wehrt sich und in Wirklichkeit das Herz. Das Herz ist sozusagen das Äquivalent oder das Herz ist der Platz, wo wir fühlen, wo wir es zumindest wahrnehmen. In Wirklichkeit ist es der Emotionalkörper. Aber der ist mit dem Herzen verbunden. Dieses Herz gerät in Mitleidenschaft, wenn permanent die Gefühle weggedrückt werden und es dadurch dauernd unterversorgt ist. Es hat irgendwie dauernd Probleme. Und irgendwann einmal hat das natürlich physische Auswirkungen und dann sagst du, dass du eine

Herzinsuffizienz oder eine Koronar-Geschichte hast und nicht weißt, woher das kommt. Ich kann dir sagen, woher das kommt.

Ich habe einmal in einer Riesengruppe alle in der Mitte auf Matten aufstellen lassen und dann haben sie all diese Dinge ausgedrückt. Ein Teilnehmer hat gesagt, dass er das nicht kann, dass er einen Herzinfarkt bekommen würde, weil er Herzprobleme massiver Art hat und sich deshalb nicht traut. Dann hab ich ihn gefragt, ob er weiß, warum er Herzprobleme hat. Möglicherweise weil er genau das nicht tut. Und dann hat er einfach angefangen, endlich einmal loszuschreien, endlich seine Kacke einmal raus zu lassen, alles, was ihm all die Jahre nicht gepasst hat. Zum Schluss ist er zu mir gekommen und hat gesagt: „Sowas Geiles! Ich habe überhaupt keine Herzbeschwerden jetzt! Und es ist überhaupt kein Druck da! Ich fühle mich so frei! Gibt's denn sowas überhaupt?" Ja, gibt es!

Wann drückt es uns denn zusammen? Wann wird es denn eng in dir drinnen? Wenn du keine Gefühle zulässt, dann wird es eng. Dann ziehst du dich immer mehr zurück, immer mehr. Aber eins ist sicher: Der Körper kriegt das mit. Dann tauchen plötzlich körperliche Symptome auf. Die Frau ist nicht eine, die sich sofort zeigt. Die Frau macht das ein bisschen chronisch. Die kann warten, aber der Stachel kommt, da kannst du sicher sein. Das zeigt sich nicht sofort. Das heißt, sie wartet und eines Tages – bum – ist der Schlaganfall da.

Eines Tages, von heute auf morgen, ist ein Krebs da. Krebs braucht genau 24 Stunden zum Entstehen. Alles Andere ist vorher. Alles wird präpariert und eines Tages ist es soweit. Das nennt man einen Bifurkationspunkt. An so einem Bifurkationspunkt ist plötzlich der Krebs da. Du warst vielleicht noch mit jemandem auf Urlaub, hast in Lignano Eis gegessen und hast schöne Ferien verbracht.

Zwei Wochen nach dem Urlaub wird Krebs festgestellt und zwar in einem Stadium, wo die Ärzte sagen, dass es keine großen Überlebenschancen gibt. Sie geben dir noch drei bis vier Monate. Plötzlich ist der Krebs da und in Lignano hast du ihn noch nicht gehabt. Das wird vorbereitet. Die Frau kann warten, aber eines Tages ist es soweit und dann schlägt sie zu. Das sind Krankheiten, die von heute auf morgen plötzlich auftauchen, aber sie sind lange, lange vorbereitet.

Lange hast du nicht auf deinen Körper gehört. Lange hast du deinen Körper unterdrückt. Ein ganzes Leben lang. Es ist ja nicht so, dass man damit nicht leben kann. Aber nicht gut. Die Frau wehrt sich. Die wehrt sich so, wie eine äußere Frau sich wehrt. Die sagt vielleicht nicht immer etwas, aber sie spürt, dass sie leer ausgeht. Und es geschieht immer wieder, es kommt kein Gefühl von drüben. Der Mann nimmt sie nie in den Arm, sieht ihr nie in die Augen, sieht nicht wirklich, was da eigentlich mit ihr los ist. Sie lebt neben ihm her und er registriert das gar nicht. Und sie – das Weibliche – fühlt das und irgendwann einmal ist es dann soweit.

Irgendwann wird sie dann beim Frühstück sagen, dass sie sich von ihm trennen möchte. Er fällt aus allen Wolken. Das passiert plötzlich. Er wird alles versuchen, aber es hat keinen Sinn mehr, denn für sie ist völlig klar, dass sie leer ausgeht. Das ist wie mit den Krankheiten, die plötzlich auftauchen. Die sind lange, lange schon vorbereitet. In einer Beziehung ist es sehr, sehr wichtig, die Signale zu beachten. Das merkst du aber nur, wenn du auch diese Frau in dir verwirklichst. Diese Signale sind ganz am Anfang schon da. Die fangen schon in der ersten Woche an. Wenn du merkst, dass es heute nicht mehr so ist wie gestern. Diese Hand auf meinem Schenkel war gestern noch so innig, heute liegt sie nur da. Einfach einmal registrieren, registrieren, dass da weniger Blickkontakt ist, registrieren, dass da jemand ausweicht. Dein Partner hat weniger Zeit. Achte darauf!

Da muss man aufpassen. Da entfernt sich jemand möglicherweise und du merkst es gar nicht. Und eines Tages merkst du, dass du nichts mitgekriegt hast, weil du auf der weiblichen Seite nicht gefühlt hast. Das heißt, sie kann warten, aber sie registriert die Dinge natürlich. Das gilt natürlich in beiden Fällen. Wenn du eine Frau bist, ist es wichtig, dass du deine Gefühle beachtest, dass du dich fragst, wie du dich fühlst, sonst wirst du launisch. Dass du dich fragst: Was will ich? Was sind meine Werte? Wo will ich hin? Was ist wichtig für mich? Was würde mir Spaß machen? Stell dir Fragen, wie: Was ist meine Sehnsucht? Was brauche ich? Was möchte ich? Was ist das, was mich verletzt hat? Das sind alles Dinge, die die Frau betreffen, nur diese paar Fragen.

Wenn du dich das in deinem Leben öfter fragst, dann kriegt deine Frau mehr Platz. Wenn du eine Frau bist, dann wirst du mehr Frau, weil du der Frau mehr Platz gibst.

Wenn du ein Mann bist und deiner Frau in dir Platz gibst, wird sie dich unterstützen. Das ist das Gespräch in dir zwischen linker und rechter Gehirnhälfte. Wenn du nur als Mann in dein Auto steigst und weg fährst, wird die Frau in dir sagen: „Jetzt gibst du wieder an." Wenn deine Frau in dir respektiert wird, wenn du Gefühle zulässt, dann wird sie sagen: „Wow, das gefällt mir jetzt, super! Steig nochmal ein bisschen aufs Gas, das gefällt mir richtig!"

Dann unterstützt sie dich, sie unterstützt dich in dir drinnen.

Das ist umgekehrt auch so. Auch der Mann wird die Frau unterstützen. Wenn du ihm ein bisschen Raum gibst, wenn du ihn respektierst, wenn du zum Beispiel sagst: „Naja, er ist schon wieder geil oder gierig oder sonst was, aber okay." Und du fühlst ihn, du fühlst dich einmal in den Mann hinein, dann nimmst du ihn mit hinein und der Mann wird das honorieren.

Ein Mann ist ein bisschen anders als eine Frau. Nächstes Mal wird er mehr Verständnis haben. Wenn du mit ihm in eine Boutique gehst, wird er sagen: „Das ist total schön, das kleidet dich sehr gut. Du bist eine total schöne Frau." Und du wirst vorm Spiegel stehen und staunen. Was ist plötzlich los?

Wenn er nicht respektiert wird, weil du deine Frau nicht lebst, dann wird er dir sagen: „Nein, wie siehst denn du aus? Du siehst aus wie eine Tussi, ist ja furchtbar, bitte zieh das aus. Du willst doch mit diesem Kleid nicht herumstolzieren wollen?"

Weltweit ist das das Allerwichtigste. Das Wichtigste auf diesem Planeten ist, dass Menschen wieder beginnen zu fühlen, dass sie von ihrer Präpotenz wieder herunter steigen, von ihrem Management, dass sie wieder Tränen haben können, dass sie wieder Gefühle haben können, dass es auch wieder Frauen gibt und zwar Frauen, die äußerlich Frauen sind und auch Männer, die ihre Weiblichkeit zulassen können. Wenn das passiert, dann kriegen wir die Kurve. Wenn das nicht passiert, dann weiß ich nicht, was geschehen wird.

Wenn du schaust, wo die großen Katastrophen passieren, Erdbeben, Flutwellen usw., dann wirst du bemerken, dass das hauptsächlich in Ländern wie Japan zum Beispiel ist, weil dort kein Mensch Gefühle zeigt, auch nicht zeigen darf. Es wird alles zensiert. Sogar in Interviews können sie ihren Schmerz nicht ausdrücken.

Ich nenne das die Nivellierungskräfte des Universums, plus und minus, Mann und Frau. Wenn eins überhand nimmt, dann gibt es globale Dinge, die plötzlich auftreten und die Menschen wieder zur Raison bringt. Dann kommen sie dazu, endlich wieder etwas zu fühlen. Und wenn sie es trotzdem nicht fühlen, dann kommt da noch etwas oben drauf.

Es ist absolut höchste Zeit, dass wir die Kurve kratzen. Wir müssen das checken und zwar nicht, wenn es zu spät ist, sondern jetzt. Es bereitet sich vor. Und irgendwann einmal ist es passiert.

Wir beuten die Erde so lange aus, bis ein Punkt kommt und das ist der Bifurkationspunkt. An einem Bifurkationspunkt gehen wir in eine andere Ebene. Immer! Es ist nicht so, dass eine Krankheit so kontinuierlich kommt. Sie kommt, aber du hast immer einen Punkt. Ich bin früher oft um vier oder fünf heimgekommen, da war ich so 18, 20. Ich habe einen halben Meter Burenwurst um vier Uhr früh verdrückt und zwei kalte Bier dazu ohne mit der Wimper zu zucken und ich habe auch noch gut geschlafen.

Plötzlich, von heute auf morgen, habe ich mir wieder die Wurst bestellt und habe sie nicht mehr vertragen. Ich habe nicht mehr schlafen können... von heute auf morgen. Das ist ein Bifurkationspunkt. Da geht das System auf eine andere Ebene. Es geht immer in Schüben. Manchmal hat man das Gefühl, dass jemand plötzlich alt geworden ist, von heute auf morgen. Genauso passiert das.

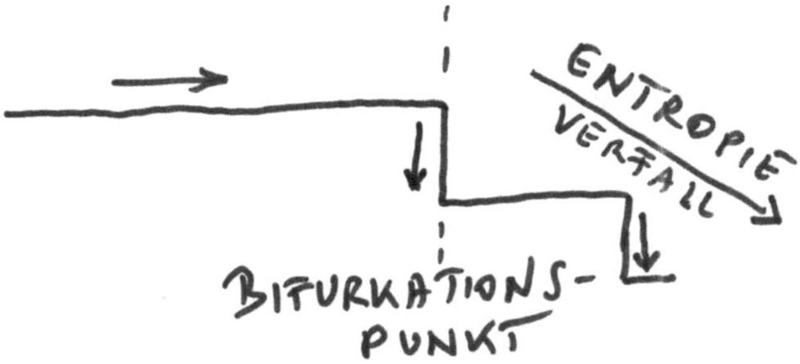

Am Bifurkationspunkt fällt das System eine Ebene tiefer.

So passiert das auch im Leben. Wenn das Ungleichgewicht jetzt dazu kommt, dann haben wir echt eine Gefahr. Ich will euch da keine Angst machen, denn das Tolle an der Sache ist, dass es an uns liegt. Es passiert da draußen nämlich nichts, was wir nicht kreieren. Wenn viele Menschen diese Balance finden, dann wird auch im Außen Balance sein. Und wenn das Ungleichgewicht da ist, besonders auf der Gefühlsebene, dann passiert etwas, wo du Schmerz hast. Eine Menge Schmerz.

Da sagt dann das Weibliche: „Siehst du, jetzt wirst du fühlen müssen. Du hast mich dein Leben lang nie zugelassen." Dasselbe gilt natürlich auch für ein Volk oder den ganzen Planeten. „Und jetzt werdet ihr müssen. Ich zwinge euch dazu." Das sind die Nivellierungskräfte. Es braucht dich. Es braucht jeden. Wir wollen immer, dass die anderen machen sollen. Nein, du musst machen. Jeder muss machen.

Wenn du deine Gefühle zulässt, dann tust du das Beste für die ganze Welt. Du brauchst nicht marschieren oder sonst irgendwas unternehmen, aber das, was du fühlst, das, was du zulässt, wird überall auf der Welt empfangen werden, überall, im ganzen Universum. Und es werden auch Dinge empfangen, die viele denken. Viel Neid wird viel Neid erzeugen.

Das sind Autopiloten. Die sind in einem großen Gedankenfeld gefangen mit Gedanken, die alle denken. Und dieses Gedankenfeld wird dann abgerufen, wenn du nicht bewusst bist. Dann denkst du das, was alle denken und dann fühlst du das, was alle fühlen.

Bewusste Menschen sind solche, die ihr Leben neu ausrichten.

Dann wird dieses Gedankenfeld mit neuen Ideen, mit neuen Gefühlen, mit neuen Gedanken gefüllt. Wenn dieses Gedankenfeld der neuen Ideen groß genug ist, dann werden auch andere Menschen plötzlich automatisch etwas Anderes denken und etwas Anderes fühlen. Das ist das, was passiert. Aber da haben wir noch eine Menge zu tun.

13. Du bist der Herr deines Lebens

Es hat dir nie jemand weh getan!

Wenn du erkennst, dass alles von dir ausgeht, du der zentrale Punkt bist und wenn du es dann zurück nimmst, kehrt Stille, kehrt Ruhe ein. Ist doch faszinierend, oder? Dann merkst du vielleicht auch, dass du so ein bisschen verstehen und verzeihen kannst. Ja, dass es eigentlich in Wirklichkeit so war, dass du wolltest, dass der andere so ist. Diese Art von Versöhnung ist eigentlich gar nicht notwendig. Das Wort "verzeihen" ist kein gutes Wort. Denn verzeihen heißt eigentlich, dass dir jemand weh getan hat. Ich verzeihe dir, dass du mir weh getan hast, ist Unsinn. Es hat dir nie jemand weh getan. Es geht von dir aus. Es ist dein Schmerz, mit dem du diesen Partner in dein Leben geholt hast und dann muss das passieren. So läuft der Hase. Es ist besser, du verstehst, als du verzeihst. Verstehen heißt, dass es nie ein Problem gegeben hat. Verzeihen heißt, dass es ein Problem gegeben hat, aber du verzeihst dem anderen. Das ist aber nicht so am Punkt, das ist nicht wirklich die Wahrheit. Du bist nie verletzt worden, das ist die Wahrheit. Du kennst ja den anderen gar nicht, du kennst nur deine Projektion.

Du kannst aber dich durch den anderen kennen lernen. Wahrscheinlich entsteht dann auch der Wunsch, dass du auch dem anderen begegnen möchtest. Du kennst ihn ja überhaupt nicht, weißt nicht, wer er eigentlich ist. Du kennst nur das, was du auch haben möchtest oder eben nicht.

Wenn wir noch weiter schauen würden, dann würde es eigentlich so aussehen, dass das – wenn du wirklich eine lange Beziehung hast – schon entschieden ist, bevor du hierher kommst. Längere Beziehungen sind schon bereits entschieden, bevor du hierher kommst. Klar?

Das heißt, wenn du mit einem Partner über längere Zeit hinweg zusammen bist, zum Beispiel 30 Jahre verheiratet bist, dann ist das sicherlich kein Zufallsprodukt von hier, sondern dann hast du schon vorher eine Entscheidung getroffen. Stell dir vor, du bist der Engel X und mit Engel Y in einem Raum, wo alles möglich ist, wo alles verfügbar ist. Hier kannst du eine Entscheidung treffen. Du kannst sagen: „Ich würde gerne..., ich bräuchte..., ich hätte gerne“. Zum Beispiel möchtest du Unzulänglichkeit kennen lernen. Du möchtest durch diese Unzulänglichkeit einen Kontrast zur Vollkommenheit haben. Du möchtest wissen, was Vollkommenheit ist. Damit du erfahren kannst, was Vollkommenheit ist, brauchst du Unzulänglichkeit. Und du findest jemanden, der dir diesen Gefallen tut. „Okay, und was möchtest du?“ „Ach, ich würde gerne ungeliebt sein.“ „Kann ich machen, mache ich dir“. Gut, jetzt tun sich die zwei zusammen, klären das und kommen hierher. Anhand des Unterbewusstseins ist aber deine Aufmerksamkeit fixiert.

Das heißt, dein Bewusstsein ist fixiert in deinem Unterbewusstsein und dieses Unterbewusstsein wird das Bild, dass du dort oben entworfen hast, in dein Leben holen. Und jetzt denkst du: So ein Zufall, dass ich dich getroffen habe! Der hat aber jetzt kein Schild auf seiner Brust, auf dem steht: „Ich bin der, der dich in den Schmerz von "ungeliebt" bringen wird.“ Dann wirst du sagen: „Tschüss, auf Wiedersehen!“ Aber das ist so ein toller Typ da drüben, da ist Sexualität, da ist alles Mögliche interessant. Das Schild hat er hinten! Tatsache ist, dass dieser Partner dir etwas offerieren wird in diesem Leben. Das heißt, du wirst etwas kennenlernen, wo du sagen wirst: „Na so eine Sauerei!“. Es gibt keine Sauerei, die einfach so in dein Leben kommt. Das ist etwas, was du gewählt hast, sonst wäre es nicht hier. Und wenn du die Projektion zurück nimmst, wenn du das erkennen kannst, was wir jetzt so ein bisschen sehen, dann hört diese ewige Geschichte von "du hast mir" und "ich bin das Opfer von irgend etwas" auf. Das hat dann sein Ende.

Du wirst Dankbarkeit fühlen und sagen „Danke, dass du in meinem Leben bist, dass ich kennen lernen kann, was in mir ist, dass ich durch dich meine Unzulänglichkeit kennen lernen kann.“ Das ist Liebe. In diesem Moment entsteht Liebe. Ist das nicht verrückt? Wir rennen oft in diesem Leben, machen und tun und glauben, dass wir wissen, wie das alles funktioniert, aber wir wissen nichts. Wir projizieren rüber, machen uns schuldig und der andere ist unmöglich! Dann rennen wir zum nächsten und machen dasselbe, damit wir am Schluss dann sagen können: "Oh, diese Männer! Diese Frauen!“ Dabei hast du doch alles selber produziert. Das kommt alles aus dir. Die ganze Geschichte kommt aus dir. Und wenn die Geschichte ziemlich lang ist, dann hast du relativ viele Rechtfertigungen.

Ich habe früher viele Pastlife-Sitzungen mit Leuten gemacht, hab das dann aber gelassen, weil ich gesehen habe, dass das keinen Sinn macht. Auf lange Sicht macht das keinen Sinn. Dann kannst du immer sagen: „Ja, weil ich im Vorleben gesteinigt worden bin, deswegen habe ich jetzt immer so Kopfweh.“ Das bringt nichts. Weil du immer glaubst, dass irgendetwas mit dir passiert ist. Erst wenn du die Verantwortung dafür übernimmst, hört das Elend auf.

Als Opfer hast du hier keine Chance, weil es nicht die Wahrheit ist. Die Wahrheit ist, dass es hier keine Opfer gibt. Es gibt hier nur eine Wahl und ein Vergessen. Und wenn du gewählt hast, dass du dieses Leben willst und vergessen hast, dass du das selber gewählt hast, erlebst du es und wirst dich als Opfer fühlen und wirst dich fragen, was das hier sein soll. Du wirst dich natürlich darüber aufregen und vor allem über diesen Typen da drüben. Tja, wie kann der Typ da in deinem Leben sein ohne dich? Das ist absurd! Erkennst du das, kommt Dankbarkeit, kommt Liebe, kommt Achtung. Und plötzlich bekommt diese ganze Beziehungsgeschichte eine komplett andere Bedeutung.

Das Vergessen ist ja unbedingt notwendig, nur muss es nicht ewig dauern. Es soll dir helfen zu erkennen, dass du etwas damit zu tun hast. Das ist gar nicht so leicht, weil ja die Welt diese Idee unterstützt. Wenn du heute die Zeitung liest, siehst du immer nur: Wer ist schuldig, wer wird gesucht und die Gerichte werden dann für drei Jahre Untersuchungen anstellen, wer da jetzt die Schuld an diesem Unglück trägt. Wenn du in ein Flugzeug einsteigst, das abstürzt, dann hast du etwas damit zu tun. Und es ist nicht der Mechaniker. Der Mechaniker ist nur ein kleines Rädchen in diesem großen Spiel von Energien. Es ist absolut absurd, dass ein Zufall verantwortlich ist, wenn hier etwas passiert. Es gibt keinen Zufall.

Wenn jemand mein Haus anzündet, dann ist es einmal eine Tatsache, dass das Haus brennt oder dass es gar nicht mehr da ist. Damit muss ich leben, damit muss ich fertig werden, klar? Das ist mein Leben, das ist meine Geschichte. Seine Geschichte ist, dass er seine Rache oder andere Gründe hatte. Das muss er sich anschauen. Das geht mich aber nicht wirklich etwas an, ob er sich das anschaut. Tatsache ist, dass ich mir meinen Teil anschauen muss. Wenn dann seine Versicherung kommt und sagt: „Okay, das können wir regeln." Dann sage ich: „Super, okay, fein."

Er wird dann doch irgendwie zur Rechenschaft gezogen, weil er ja auch etwas damit zu tun hat. Er will ja dem anderen eins reinwürgen, also muss er auch in gewisser Weise dazu stehen. Aber ich bin nicht reingewaschen, wenn der zur Rechenschaft gezogen wird. Der macht sein Ding, wofür er verantwortlich ist und ich hab mein Ding, wofür ich verantwortlich bin. Und wenn da jetzt kein Cent rein kommt, dann bin ich trotzdem verantwortlich. Und fertig! Die Sache ist: Haus ist weg und fertig. Amen. Schluss. Das ist jetzt so leicht gesagt, aber es ist letztendlich so.

Als die große Flut hier war, stand die Mühle bis zu 1,5 Meter unter Wasser. Wir waren in Teneriffa und haben im Fernsehen gesehen, wie die Mühle überflutet wurde. Wir haben dann dauernd Nachrichten bekommen, dass das Wasser steigt und steigt, das Klavier schon unter Wasser steht, die Betten schwimmen und die Fische sich schon in der Bar tummeln.

Und wir haben gesagt: „Was soll man machen? Bauen wir es wieder auf oder lassen wir es? Es ist so, wie es ist. Es ist meine Mühle und wenn etwas kaputt geht oder jemand boshaft etwas zerstört, dann habe ich damit zu tun.“ Es geht nur darum: Klinke ich mich da jetzt ein? Reißt mich das nieder? Macht mich das fertig? Oder ist es einfach so wie es ist und ich kann es akzeptieren.

Stell dir mal vor, es gibt einen Krieg. Die Russen kommen, die Panzer fahren da vorbei. Jetzt kannst du natürlich hergehen und fragen: Was habe ich mit einem Panzer zu tun? Okay, du hast das damit zu tun, was du empfindest. Was ist dein Part? Deine Angst? Du kannst nicht beeinflussen, dass jetzt Krieg ist. Du kannst nicht sagen: Der Krieg geht auf mein Konto. Weil ich so ein Arschloch bin, haben wir jetzt Krieg. Das ist Blödsinn. Das geht global auf das Konto von vielen Menschen, die in einer bestimmten Art und Weise denken. Und du bist jetzt auch betroffen. Oder zum Beispiel: Es ist eine Epidemie ausgebrochen und du bist betroffen. Die Frage ist, wie gehst du damit um. Das ist die Frage. Packt dich das, macht

dich das fertig, dann hast du damit zu tun. Kannst du jetzt sagen: „Okay, das ist jetzt so, was ist zu tun? Machen wir, okay."
Wenn du bei einem Tsunami gerade an diesem Ort bist und überlebst, dann kannst du dir diese Frage stellen. Sonst kannst du die Frage sowieso nicht stellen. Wieso bin ich gerade zu diesem Zeitpunkt dort? Warum? Was hat das Ganze möglicherweise mit mir zu tun? Dann kannst du vielleicht etwas raus bekommen. Wenn du keine Antwort finden kannst, dann bist du einfach dort. Dann ist es vielleicht einfach passiert, weil es global passiert. Und dann kommst du auch dran. Es kommt drauf an, ob du jetzt Zeter und Mordio schreist und Schuldige suchst und schreist: „So eine Sauerei, kein Frühwarnsystem!". Das ist Blödsinn. Es ist passiert. Fertig. Amen. Schluss. Und dann nimmst du es mit rein.

Dann kannst du noch weiter gehen und den Schmerz und das Leid von vielen Menschen in dich hinein nehmen. Du wirst die Verantwortung für alles übernehmen und das macht dich dann total rund. Das ist das, was passiert. Wenn du dich nun schon lange Zeit mit allen möglichen Dingen quälst und die Hoffnung hast, dass es doch einmal besser werden wird, dann kann ich dir nur raten, alle Hoffnung einfach zu begraben. Es ist besser, du schaust auf die Realität als auf die Hoffnung.

Der Punkt ist immer, dass du schaust, was du damit zu tun hast. Das heißt, was ist meine Verletzung bei der Sache? Was will ich retten, damit ich die Verletzung nicht fühlen muss? Ich will zusammen sein, damit ich nicht allein bin. Der Schmerz vom Alleinsein ist so riesig oder der Schmerz, verloren zu haben oder der Schmerz, sich ungeliebt zu fühlen, ist so riesig, dass du kämpfst wie ein Verrückter und da gehört auch die Hoffnung dazu. Es geht nicht so sehr um die Hoffnung, um zu kämpfen. Es geht da vielmehr um die Frage, was dich verletzt hat, was dein Schmerz ist. Was hast du damit zu tun? Wenn du das zulässt, wenn du das wirklich zulässt, dann wirst du die richtigen Schritte setzen. Vorher wirst du sagen: "Ich kann das nicht akzeptieren. Ich kann nicht akzeptieren, verlassen zu werden".

Das kann Jahre dauern. Das kann wirklich eine Zeit lang dauern. Und der Schmerz ist so groß, dass du nicht in der Lage bist, dort richtig hinzuschauen, nicht annähernd. Es ist total egal, wie das ist, was das ist. Wenn du es zurück nimmst, kommst du weiter. Faszinierend! Und das passiert nur, weil die Illusion aufhört. Hört die Illusion auf, kehrst du zurück in den Seins-Zustand. Das ist Liebe. Das ist schön und das ist weit und da brauchst du nicht verzeihen. Du brauchst nur aufwachen. Das ist besser als verzeihen.

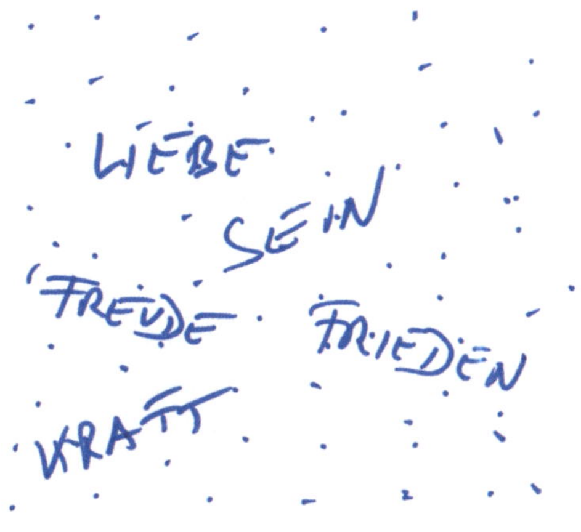

Seins-Zustand das blaue Feld

Das Verrückte ist, dass es dem Ganzen völlig egal ist, was du da raus projizierst. Wenn du die größten Arschlöcher zurück genommen hast, bist du heilig. Echt. Es geht nicht um den Inhalt der Illusion. Es geht um die Illusion. Alles Andere ist völlig egal. Es geht um das Zurücknehmen – darum geht's. Klar?

Es ist die einzige Möglichkeit in einer Beziehung, das zurück zu nehmen und zu erkennen, dass du verletzt worden bist, dass du einen Schmerz in dir hast und dass das dein Schmerz ist. Nicht der andere hat dir den Schmerz gemacht. Du hast diesen Schmerz schon in dir und rufst ihn jetzt in dein Leben, damit du in diesem Schmerz ein bisschen herumwühlst. So schaut das in Wahrheit aus.

Das ist eine völlig neue Sicht, ein völlig anderer Zugang. Ja, das ist die Wahrheit. Wir sind so verhaftet mit der Idee, dass ich das Opfer bin, dass mir jemand etwas tut. Der Partner tut mir etwas, die Regierung tut mir etwas, der Bürgermeister tut mir etwas, die Katze, die auf mein Sofa scheißt, tut mir etwas und und und. Ununterbrochen ist irgendetwas, wie zum Beispiel das Telefon, das nicht geht. Es tut mir etwas. So ein blödes Telefon! Dann hauen wir es gegen die Wand, als wenn das Telefon etwas dafür könnte.

Es ist diese Idee, dass etwas passiert und ich das Opfer von etwas bin. Diese Idee ist absurd. Du bist nicht das Opfer von irgendetwas. Du hast nur etwas gewählt, was du erleben willst und hast vergessen, dass du es gewählt hast. Und jetzt kommt das Beispiel mit dem Beuschel mit Knödeln, die der Ober bringt. Und du sagst: „Was ist denn das? Das habe ich nicht bestellt." Der Oberkellner sagt: „Ja hören Sie, Sie haben das Beuschel mit den Knödeln bestellt." Und du sagst: „Aber nein, ich habe das nicht bestellt. Ehrlich nicht." Dann kommt der Geschäftsführer und sagt: „Entschuldigen Sie, mein lieber Herr. Sie haben das gerade bestellt." Und du sagst:

„Na, bin ich jetzt schon ganz blöd, ich habe das nicht bestellt. Hauen Sie ab damit!“ Der Restaurantchef kommt und sagt: „Okay, Sie verlassen jetzt mein Lokal. Sie haben jetzt keinen Zutritt mehr. Sie haben es bestellt. Das möchte ich nur noch einmal sagen.“ Der Restaurantchef macht das jetzt so und sagt okay. Das Universum macht das nicht. Du kriegst dein Beuschel mit Knödeln bis ans Ende aller Tage. Weil du es nämlich bestellt hast. Das kann einen so zermürben, dass du das Gefühl hast, dass dieses Leben ganz furchtbar ist. Da kommen dauernd diese Dinge auf dich zu. Du weißt natürlich nicht, dass du auf Widerstand gehst und dass du diesen Widerstand in deinem Unterbewusstsein aufladest. Dadurch bekommt das eine Riesenbedeutung und du sendest eine Frequenz mit einer Riesenamplitude aus. Die Stärke der Frequenz ist durch die Amplitude bestimmt. Du sendest das aus und das kommt so vehement in dein Leben, dass du nicht zum Schlucken kommst. Du kannst dir das überhaupt nicht vorstellen und du fühlst dich total als Opfer. Es ist so schwierig, das zu sehen und deshalb macht es am Anfang ein bisschen ein unlustiges Gefühl.

Du bist verantwortlich dafür, aber welche Freiheit hast du? Du hast die Freiheit, dein Leben zu verändern. Du hast die Freiheit, dein Leben zu gestalten. Du bist in Wahrheit der Herr deines Lebens. Absolut, komplett.

Es kommen viele Menschen zu uns in die Seminare, die das machen. Da passieren dann Dinge, wo diese Menschen nach und nach die Verantwortung für ihr Leben übernehmen. Das ist nur so zum Staunen, was sich bei ihnen dann alles verändert, wenn sie endlich aufhören, darüber zu jammern, was schon wieder alles passiert ist und schon erwarten, dass das nächste Unglück geschieht. Das Misstrauen ist riesig. Alles Schöne ist da drüben. Der und die und dem geht's gut und der hat... und den muss ich jetzt halten, dann kommt endlich auch ein bisschen Glück in mein Leben!

Das ist absoluter Schwachsinn! Du musst das zurück nehmen! Du musst es in dir fühlen. Dort ist diese Sache! Von dort geht sie aus. Nicht von da drüben. Gar nicht. Am Anfang macht einen das ein bisschen unlustig, aber nach und nach merkst du, dass es nichts Schöneres, nichts Befriedigenderes im Leben gibt, wenn du weißt, dass du dein Leben kreieren kannst.

Du kennst das. Du nimmst dir etwas vor und es läuft alles wie am Schnürchen. Du machst eins nach dem anderen, erledigst deine Telefonate, in der Zwischenzeit kommt jemand, mit dem du etwas klären kannst usw. Das ist unglaublich befriedigend! Dann legst du dich eine halbe Stunde in die Sonne und sagst: „Wow! Das ist genau so, wie ich es wollte."

Ein anderer Mensch sagt permanent: „Das kommt in mein Leben, aber das wollte ich überhaupt nicht und ich weiß auch nicht, warum das daher kommt. Und jetzt habe ich auch noch die Grippe und Durchfall habe ich auch und mein Partner geht fremd. Na super!" Verstehen wir? Du kriegst eins drauf und noch eins drauf und du suchst noch mehr! Du ziehst noch mehr Scheiße in dein Leben und das wissen wir alles nicht. Das ist nicht befriedigend.

Befriedigend ist, wenn das, was du willst, in deinem Leben auch passiert. Das ist befriedigend. Und du hast diese Potenz, dein Leben zu gestalten. Du hast diese Potenz, deine Liebe zu gestalten. Du hast diese Potenz, deine Beziehung als eine befriedigende Beziehung, als eine erfüllende Beziehung zu erleben. Es liegt an dir. Es liegt an deiner Erkenntnis, nicht an dem Partner da draußen. Auf dieser Welt hast du die Freiheit, alles zu machen, was du willst. Du hast dir zum Beispiel von draußen ausgesucht, hier auf der Erde

Wertlosigkeit zu erleben, damit du den Wert spüren kannst, den du hast, der du bist. Ich will mich erfahren und zwar in meiner Schönheit und in meiner Größe. Damit ich das erfahren kann, was ich da draußen bin, wähle ich für hier, für diese Welt der Polarität, Wertlosigkeit. Ich bin es nicht wert. Jetzt kommst du hierher und jetzt hast du die Freiheit. Du hast nicht die Freiheit, die Wertlosigkeit zurück zu geben, denn die hast du von einem anderen Standpunkt aus gewählt, aber du hast die Freiheit, mit dieser Wertlosigkeit hier umzugehen.

Du kannst hundert Milliarden Jahre mit zunehmendem Leiden die Wertlosigkeit erleben. Du kannst es sehen, du kannst ein Seminar machen, du kannst die Wertlosigkeit akzeptieren, du kannst mit ihr spielen – was auch immer. Du kannst sagen: „Ach, bin ich halt ein bisschen wertlos." Scheiß doch drauf. Oder du kannst damit kämpfen oder du kannst dir vornehmen, dass dich niemand mehr jemals wertlos machen wird, niemals! Das ist alles deine Freiheit. Die Wertlosigkeit musst du annehmen, da hast du keine Wahl, denn die hast du von einem höheren Standpunkt aus gewählt. Aber was du mit der Wertlosigkeit hier auf dieser Erde machst, das ist deine Sache. Wenn du protestierst und sagst: Alles Scheiße! Mich macht niemand mehr wertlos, der kommt mir nicht mehr in meine Wohnung – aber nie mehr. Na, was glaubst was passiert?

Du sitzt auf einer Parkbank und dann kommt jemand, mit dem du dann eine Beziehung eingehst und dann stellt sich nach einem Jahr heraus, dass der dich fertig macht! Und schon hast du wieder deine Wertlosigkeit. Und du kannst es drehen und wenden, wie du willst. Über Protest wirst du das nie los.

Es muss erlebt werden: Sie muss da sein dürfen, damit du diese Wertlosigkeit auflösen kannst. Und wenn du sie in dir akzeptierst, dann machst du einen Riesenschritt. Wenn du immer sagst: „Du machst mich wertlos und du machst mich wertlos“, dann hast du keine Chance. Hundert Millionen Jahre, viele, viele Leben, eins schwieriger als das andere. Bis du das Bewusstsein hast.

Dann kannst du diese Wertlosigkeit abholen. Dann kannst du sagen: Okay, es ist meine Sache, ich fühle es jetzt. Und das sind Dinge, die man lernen kann: Dinge zu fühlen, abzuholen, damit zu sein, nichts zu machen. Dann löst es sich auf. Dann passiert ein Seins-Zustand in dir. Und du fragst dich dann innerlich: Was habe ich diese ganzen Jahre, was habe ich diese ganzen Leben lang gemacht? Wie ein Verrückter gekämpft! Und es ist so simpel!

Kämpfe bitte nicht mit deinem Partner und sei nicht das Opfer deines Partners. Alles, was in deinem Leben passiert, hat etwas mit dir zu tun. Da hast du damit zu tun. Es sind letztlich deine Projektionen. Nimm sie zurück. Die schönen und die anderen – beide. Es ist deine Schönheit, die du da drüben siehst, deine Ehrlichkeit und es ist dein Schmerz, den der Partner dir anscheinend zufügt. Und dann musst du lernen, damit umzugehen.

Eine Sache, die du aufgelöst hast, wird nicht mehr in dein Leben kommen. Mit Sicherheit nicht. Wenn es irgendwo passiert – in deiner Umgebung oder so – es wird dich nicht mehr tangieren. Es wird nicht mehr deine Sache sein. Wenn du deine Verlassengeschichte abgeholt hast und in deinem Freundeskreis so etwas passiert, dann wirst du wissen, dass der das abholen muss. Der muss das erleben, das ist so. Du kannst ihn nicht retten. Er muss es selber tun. Du kannst ihm vielleicht helfen, dass er es tut.

Wenn du es wirklich angenommen hast, kommt es nicht wieder. Es reicht nicht, etwas zu wissen und zu versuchen, es nur mental zu lösen. Es muss vor allem auf der emotionalen Ebene gelöst, das heißt gefühlt werden. Der Schmerz muss gefühlt werden. Dann wirst du deine Wunder erleben.

Das hat nichts mit Resignation zu tun. Du sagst ja nicht: "Ich pfeif drauf." Du sagst ja eigentlich das Gegenteil davon. Du sagst ja: "Ich schau es mir jetzt an. Ich will es jetzt wissen. Ich will jetzt wissen, was das ist. Ich will wissen, was mein Leben ist". Hör mal, das ist das Spannendste, was du dir jemals vorstellen kannst! Es gibt nichts Spannenderes, es gibt keinen Film, nichts, was spannender ist, als endlich drauf zu kommen, dass dein Leben eigentlich unglaublich ist! Und dass es nur eine Idee ist, warum du so leidest. Dass ist das, was du glaubst, was deine Mutter und dein Vater dich gelehrt haben und deren Mütter und Väter. Seit Generationen geht das so. In der Bibel heißt es zum Beispiel: Die Sünden der Väter werden über die Kinder und die Kindeskinder kommen. Ja, das sind diese Programme. Das ist die Illusion. Die wird weitergegeben und weitergegeben und weitergegeben. Bis irgendein Mensch – und der kannst du sein – stopp sagt.

Erst einmal musst du sehen, dass die Schuld nicht da drüben ist, sondern es hat etwas mit dir zu tun. Es ist nicht deine Schuld, sondern es ist einfach etwas, was gewählt worden ist. Auch wenn du es noch nicht verstehst. Wenn irgendetwas in deinem Leben ist, dann hast du es auch gewählt. Du hast etwas damit zu tun, sonst wäre es nicht in deinem Leben. Außer du glaubst an die Geschichte von dem Typen mit dem weißen Bart. Viele Alternativen hast du nicht.

Dieses Zulassen und Ausdrücken von Gefühlen und Aggressionen kannst du am Anfang nicht allein im stillen Kämmerlein machen. Hier in den Seminaren hast du die Gelegenheit, all diese Gefühle in einem geschützten Rahmen, wo niemand verletzt wird oder dich dafür verurteilt, zuzulassen.

Das heißt, wir werden den Mann in seinem Unmöglichsein ausdrücken. Das ist ja das, was wir als Mann fürchten. Als Mann haben wir die Angst, wenn wir wirklich unsere Aggressionen zulassen würden, wenn wir das wirklich machen würden, dann steht hier drinnen nichts mehr.

Bei Frauen ist es natürlich genau so. Die denken sich auch: Wenn ich das zulassen würde, dann spielt's aber hier Feierabend. Also lassen wir es lieber. In den Seminaren kannst du das machen. Wir schaffen die Möglichkeiten dazu. Hier kannst du stampfen, schreien und einmal dieses Urviech von einem Mannsbild, diesen Steinzeit-Typen, zulassen.

Das Problem ist, dass dieser Typ in allen von uns drinnen ist. Aber wir sind so gut erzogen und zivilisiert, dass wir ihm keinen Platz in uns geben. Was macht ein Mann, dem du nicht den Platzt gibst? Der hockt sich auf dich drauf. Wenn Frauen ihren Mann nicht zulassen, dann hockt sich der auf sie drauf und du kriegst den nicht mehr los. Dann werden Frauen plötzlich männlich. Sie können nicht anders.

Es ist wichtig, dass wir diesem Mann sein Recht geben. Und ich werde euch manchmal zu etwas auffordern, wo vielleicht der eine oder andere von euch sagt: "Nein, das geht mir jetzt zu weit." Ich werde euch manchmal auffordern, so bestialisch wie irgendwie möglich zu sein, die Bestie rauszulassen. Hab dann einfach ein bisschen Vertrauen – ich weiß, was ich hier mache. Solange du das nicht tust, kann auch kein Frieden in dir sein. Wenn du den Schmerz und die Wut aus dir raus lässt, wenn du die Dunkelheit zulässt, ist auf der anderen Seite das Licht. Ich werde euch das zeigen. Und innerhalb von fünf Minuten wird plötzlich etwas passieren mit dir. Und es werden Tränen da sein. Es wird etwas in dir passieren. Aber es passiert nur dann, wenn du dich einlässt. Ich werde euch nicht sagen, dass du das tun musst, aber ich werde euch auffordern: Komm, lass dieses Urviech von einem Mann einmal raus.

Die Kriege auf der Welt sind von einem Mann gemacht. Das ist der, der immer schreit, immer tut, immer Recht haben muss. Und ich kann dir eines sagen: Zwischen Mann und Frau ist der größte Krieg aller Zeiten. Das ist der wirkliche Krieg. Diese Frau ist am anderen Ufer und der Mann ist so verletzt von dieser Frau. Aber ein Mann – ein wirklicher Mann – wird sagen: „So, jetzt haue ich dich in Stücke, du Weibsbild." Den werden wir ein bisschen aufbauen und dann werden wir einmal diesen Mann akzeptieren, so wie er ist. Dieser Mann hat eine Menge Gewalt, eine Menge Aggression in sich, der kämpft, der schlägt zu, der macht. Und wenn du dich das traust, wird eine Transformation passieren. Das ist magisch, das ist nicht logisch, denn der Verstand kann das nicht begreifen. Der Verstand lehnt das ab und meint "Nein, das darf nicht sein, das muss sein". Damit hast du keine Chance.

Wenn du aber das mit rein nimmst, dann entsteht eine Tiefe, die unglaublich ist. Das ist echt magisch. Normalerweise sagen wir: „Wenn ich dir das sage, dann schaust du mich nie mehr wieder an. Das kann ich dir nicht sagen, das tut man auch nicht." Aber ich sage dir: „Komm, komm, lass einmal das Ding raus. Was zipft dich denn an?" „Ja, gar nichts." „Was zipft dich an? Komm, lass es raus." Ich kann es nicht für dich machen.

Ich kann dir nur sagen: Riskier's. Ja, besonders diejenigen, die ein bisschen Angst haben vor Aggressionen, die sich fürchten, wenn es ein bisschen aggressiv wird. Trau dich einfach mal. Bevor du dich immer vor den anderen fürchtest, die aggressiv sind, sei es einmal selber. Nimm dieses Schwert einmal selbst in die Hand. Diese Dinge, diese Übungen, sind über mehrere Jahrzehnte entstanden und weiter entwickelt worden. Sie sind sehr, sehr ausgeklügelt und man kann in sehr, sehr kurzer Zeit, sehr, sehr viele Sachen sehen, weil die Dinge genauso funktionieren. Da kommt etwas unglaublich Schönes dabei heraus.

Ihr werdet erfahren, wie ein Mann wirklich ist, was Mann-Sein wirklich bedeutet. Das zu fühlen, ist einfach gewaltig. Und ihr werdet erfahren, was Frausein bedeutet. Ihr werdet das Glück und die Weite erfahren, wenn euer Herz aufgeht.

Also, ich möchte dich dazu wirklich einladen.

Sammle die schönen Augenblicke

des Lebens wie Edelsteine,

gib ihnen deine Aufmerksamkeit,

geh reich in dein Leben und nicht arm.

Lass dich umarmen

Es ist alles schon erreicht!

YOD

14. Erwachte Beziehung

Du BIST Beziehung!

Man kann über Erwachen nicht sehr viel sagen. Das ist das Problem. Aber man kann darüber reden, was es nicht ist. Du kannst darüber reden, was eine Beziehung normalerweise ist. Wir haben so ein Werkzeug, das „Mind“ (*der Verstand*) heißt.

Egal, welche Beziehung du jetzt siehst oder angehst, es ist immer der Mind, der dann sagt, wie schön die Blume ist. Der Mind verarbeitet die Blume, das Gesehene, das Gesicht des Partners, er verarbeitet Energie und und und. Das Problem ist, dass natürlich der Mind dir etwas gibt, was schon da ist. Und das ist ein vorgefertigtes Bild, aber nicht das, was ist. Wenn ich aber jetzt in eine Beziehung mit einem vorgefertigten Bild trete, dann bin ich nicht wirklich in Beziehung.

Das ist halt unsere Art, wie wir mit der ganzen Welt in Beziehung treten. Ich sehe etwas, ich erkenne etwas und ich habe ganz klar ein Bild, wer das ist, welche Erfahrungen ich damit habe. Ich sehe natürlich durch diese Brille wer das ist. Das ist halt so. Die Frage ist, gibt es etwas Anderes auch? Kann ich irgendjemandem begegnen ohne diese Brille, ohne diesen Mind? Ja, kann man.

Das Erwachen ist ja letztlich nichts Anderes, als dass du erkennst, dass du viel, viel größer bist, dass etwas viel Größeres existiert, als diese kleine Idee von "ich bin getrennt und allein und ungeliebt und draußen". Aufgrund dieser Idee versuchen wir natürlich, Dinge zu erreichen wie: ich muss Kontakt haben, ich will dich fühlen, ich will, dass du mich liebst usw. Da ist natürlich der Verstand daran beteiligt. Selbst wenn du sagst "ich liebe dich", sagt der das nur, weil er natürlich schon etwas vor hat. Der sagt das nur, weil er überleben will. Der sagt das nur, weil du das glauben sollst, denn er will ja überleben.

Ich brauch letztlich die Liebe meiner Mutter, sonst kann ich als Kind, als Baby, nicht überleben. Das ist eine Tatsache. Das heißt, dieses Ich brauche etwas, ich brauche dich, ich brauche die Welt usw. wird natürlich jetzt permanent über den Verstand verarbeitet. Er sagt „ich liebe dich, ich mag dich" damit er jemand hat, der ihn mag. Und jetzt könnte man sagen, das ist eine Beziehung. Aber jeder weiß natürlich, wenn er ein bisschen bewusst ist, dass das nicht immer stimmt, was er da tut. Wir klopfen jemandem auf die Schulter, sagen hallo und merken, dass das etwas Mechanisches ist, dass vielleicht der erste Moment, der gerade da war, schon vorbei ist. Die ganzen anderen Augenblicke sind schon langweilig, die sind schon nicht mehr lebendig aus diesem Moment heraus. Das frustriert einen natürlich, aber es ermöglicht auch diese Feineinstellungen, weil wir ja doch immer glauben, Erleuchtung und Aufwachen das hat man und das ist so. Es gibt sicher viele Momente, wo man tiefer gehen kann, wo man noch mehr sehen und erkennen kann, dass ich jetzt gerade nicht im Moment bin, dass mir da mein Mind gerade irgend etwas liefert. Das ist auch wichtig. Wenn man das sehen kann, ist es auch wieder gut. Es ist halt dieses permanente Bewusstsein, ohne irgendetwas zu machen, einfach zu sein, hier zu sein mit der Welt, die hier ist und die ich wahrnehme und mit der ich jetzt in Beziehung bin. Und zwar voll automatisch. Ich brauche ja mit der Welt nicht in Beziehung zu gehen. Die Welt ist ja sowieso da. Ich gehe ja nur in Beziehung mit dieser Welt, wenn ich von dieser Welt etwas will, etwas erwarte. Ich will ja, dass es mir gut geht. Ich bin ein Mensch, der in Beziehung ist, der die Welt liebt, die Sonne, den Himmel und alles. Das fühlt sich ganz gut an, wenn du das so machst. Und das ist so der Haken bei der

Sache. Weil wir so gerne etwas rein mischen und dann sagen, es ist doch gut. Wir haben eine Beziehung, wir schauen uns in die Augen, wir fühlen uns. Die Frage ist aber: stimmt das? Stimmt das jetzt in diesem Moment oder beruhigst du dich gerade damit. Wenn wir sagen "erleuchtete Beziehung", dann ist das schon ein bisschen etwas Anderes als das, was wir möglicherweise gerade wahrnehmen. Es braucht sehr, sehr viel Aufmerksamkeit, auch zu sehen, wenn`s nicht erleuchtet ist. Wenn so irgendwie der Mind, der Alltag und irgendwelche alten Geschichten von Überleben greifen.

Normalerweise würde ein Kind hierher kommen und würde einfach hier sein. Aber wie es halt so ist auf dieser Erde, haben wir hier etwas gewählt, wo wir abhängig sind, klein sind, uns nicht selber helfen können, nicht überleben können. Jetzt kommt natürlich die Idee auf: wie kann ich überleben? Ich brauche die Liebe von Mama, ich brauche Papa. Ich schaffe das nicht, ich kenne diese Welt nicht, ich weiß nicht, was da draußen ist, ich brauche Nahrung, ich brauche Wärme. Das denkt ein Kind nicht, aber es fühlt es. Jetzt kommt dieses Ding in Gang. Das ist eigentlich die Ursache von all unserem Denken und Fühlen und Machen und Tun, damit wir dann doch letztlich dazu gehören und zur Rechten des Vaters eines Tages sitzen werden, damit der andere uns liebt, damit die Welt auf unserer Seite ist, ja, letztendlich auch unsere Feinde. Wir brauchen es, dass es irgendwo einen Gott gibt, die Welt, die Familie, unsere Nächsten, die uns lieben. Das gibt uns ein bisschen Sicherheit. Das könnte man jetzt leicht verwechseln mit: Ich habe eine gute Beziehung zu meinen Nachbarn, ich habe eine gute Beziehung zu allem. Und man muss wirklich aufzupassen. Da macht man etwas, will etwas. Das ist nicht Beziehung. Beziehung passiert sowieso, wenn du aufhörst, etwas zu machen.

Ich sehe es immer hier in Teneriffa, wo wir den Atlantik haben. Ich schau da immer wieder zwischendurch hinaus. Da ist der Atlantik. Und natürlich, wow Atlantik. Man möchte in Beziehung sein, man möchte verschmelzen mit ihm, man möchte es fühlen. Deswegen sind wir ja hier. Und jetzt möchte ich den Atlantik fühlen und ich bemühe mich, denn ich möchte das auch so gut können wie der Nachbar, dem gerade die Tränen runter laufen, wenn er da hinaus schaut. Und ich kann das nicht. Wieso kann ich das nicht? Und dann machen wir etwas. Wir wollen eine Beziehung haben mit dem Atlantik.

Beziehung haben mit etwas heißt eins werden. Wenn man sagt, das große Ganze ist gleich Liebe, dann sind wir richtig. Das heißt, Liebe bezieht alles ein. Liebe ist eine Beziehung zu allem. Liebe ist nicht eine Beziehung zu dir, aber zu dir nicht. Das ist nicht Liebe. Liebe ist Ganzheit. Und das bedeutet, mit dem ganzen Universum in Kontakt zu sein. Müsste man eigentlich, ist man aber irgendwie nicht. Das ist aufgewacht sein. Ich fühle alles, was rundherum ist. Ich bin mit dem. Es ist nicht einmal so, dass ich es fühle, sondern ich bin der Ozean, ich bin der Atlantik, ich bin der Moment, ich bin der Atemzug. Wo wir danach einfach nichts mehr dazu geben. Dann brauch ich nicht hergehen und sagen: lass uns in Beziehung treten mit dem Atlantik. Das ist sehr lobenswert und sehr sehr gut, wenn wir es tun, aber das ist nicht das Ende. Das Ende ist, dass du keine Beziehung brauchst, weil du Beziehung bist. Du bist der Atlantik, du brauchst nicht in eine Beziehung mit dem Atlantik zu gehen.

Du bist das Göttliche. Du brauchst nicht die Götter anrufen und sagen: „Hey, ich muss euch fühlen. Du brauchst letztlich nicht den Mann oder die Frau. Du brauchst nicht mit denen in Beziehung gehen, denn du bist der Mann, du bist die Frau, das Weibliche sowie das Männliche. Du bist der Raum. In einer Beziehung hast du ein fantastisches Gefühl, aber du musst wissen, dass du mit Sturmgepäck unterwegs bist. Das ist klar. Wenn man alleine lebt, hat man schon eine Menge zu tun, nämlich dir permanent bewusst zu sein, was du denkst, was du machst. So und jetzt kommt der andere dazu mit einer völlig anderen Seite. Noch dazu ist es ein Mann oder eine Frau im üblichen Sinn. Aber selbst zwei Homosexuelle teilen sich in Mann und Frau auf. Es ist immer der andere, das Weibliche und das Männliche. Das ist schon einmal ein Riesenproblem.

Du hast keinen blassen Schimmer, wer das da drüben ist, aber wirklich keinen. Das heißt, du funktionierst anders, du denkst anders, ihr habt andere Gehirne. Du hast keinen blassen Schimmer. Ein Mann versteht nicht, warum sie so lange über etwas reden kann, was eigentlich in einem Satz gesagt werden kann.

Und sie versteht nicht, was der für Hirngespinste hat und mit allem Möglichen spielen will. Ein ausgewachsener Mann! Das versteht man alles nicht. Wir sind männlich und weiblich und wir sind so verschieden. Jetzt kommt noch dazu, dass sie programmiert ist und dass er programmiert ist und beide sind unterschiedlich programmiert. Das Einzige, was die Verschiedenheit im Menschen ausmacht, ist sein Programm. Sonst sind wir alle gleich. Jeder funktioniert gleich, die Augen funktionieren gleich, die Gehirnhälften funktionieren gleich, alles funktioniert gleich. Da sind wir ganz gleich. Aber was jemand in der Birne hat, das macht seinen Charakter aus, das macht ihn aus. Da ist er ein komplett anderer Mensch. Babies sind ziemlich gleich, die zeigen zwar manchmal, was sie so mitgekriegt haben, aber letztlich ist es das Konzept, die Programme, die der Mensch mitkriegt. Das unterscheidet uns voneinander, sonst gar nichts. Denn wir sind alle eins, aber wir haben unterschiedliche Gehirne und die sind geteilt in Mann und Frau. So und jetzt haben wir den Scherm auf sozusagen (*jetzt haben wir den Salat*). Das dient dazu, dass wir Bewusstsein erlangen, dass wir uns dieser Welt bewusst werden können. Du hast jetzt ein bisschen Bewusstsein auf deiner Seite, so ein bisschen als Mann, aber soviel über deinen Mann weißt du gar nicht und über deine Programme weißt du auch nichts. Jetzt haben wir da jemand anderen, von dem du auch nichts weißt. Aber der andere sieht natürlich bei dir etwas und du siehst beim anderen etwas. „Also, kannst du nicht auch einmal pünktlich sein, jetzt machst schon wieder dasselbe!“ Das machst du selber, das heißt, es kommt zu einer Spiegelung. Und das ist sehr aufreibend, weil man sich sozusagen über den anderen selber erkennt. Der sagt, du bist so und so und man müsste sich jetzt eigentlich fragen, warum man auf so eine Idee kommt und beim anderen etwas sieht. Und dann ist auch die Frage: Warum seh ich das bei dir? Ja, weil du es selber hast, deshalb siehst du es da drüben. Das ist unangenehm, das mag man nicht so gerne. Es dient aber dazu, dass du den ausgelagerten Teil siehst. Er ist nur ausgelagert. Du bist natürlich alles, aber der Baum dort ist ausgelagert aus deinem Bewusstsein. Du bist natürlich der Partner, du bist das andere Geschlecht, aber es ist ausgelagert und zwar ins Unterbewusstsein. So und jetzt habe ich da drüben jemanden, wo ich sage: ich bin ein anständiger Mensch und du bist nicht in Ordnung, du machst falsche Dinge. Ok, jetzt zeige ich mit dem Finger da rüber und jetzt habe ich plötzlich den anderen da. Und wenn das so läuft, wenn ich diesen Finger in einer Beziehung gut einsetze, geht irgendetwas schief. 100%. Brief und Siegel. Ich sage zu meinen Teilnehmern immer: „Ich verwette mein Haus dafür, dass das nicht klappen wird, was du da machst!“

In einer Beziehung ist Bewusstsein das Um und Auf. Und es kann eine Beziehung natürlich auch erleuchtet werden, aber nur, wenn wir all das, was uns widerfahren ist, zurücknehmen, wenn wir die Welt, die außerhalb von uns ist, rein nehmen, sozusagen lieben. Und "ich liebe dich" heißt dann auch mit deinen Fehlern. Ich verstehe überhaupt nicht, wie man so handeln kann, aber es muss etwas sein, was in mir ist. Ok, gut und jetzt nehme ich das zurück zu mir. Das, was ausgelagert ist, nehme ich zurück zu mir. Das ist meins. Mit jedem Ding, das ich herein nehme, werde ich größer. Ich lebe immer mehr in meinem Leben und nehme es herein zu mir. Der Partner ist ja ein Riesenpotential, um alles hinein zu nehmen. Ohne Ende. Und das würde dann Liebe bedeuten. Wenn ich rüber zeige und sage, wieso machst du das so und du hast mich verletzt und das und das..., was natürlich stattfindet, ist ja keine Frage, dann lagern wir das aus. Da entsteht ein Nein und das ist nicht wirklich der Weg nach Hause. Es wird dich ins Chaos führen. Irgendwann wird man sich trennen müssen, weil man es nicht mehr aushält, weil es die Hölle ist. Und dasselbe kann natürlich auch der Himmel werden, wenn wir über den Partner die Dinge zurücknehmen.

„Ok, es stört mich und es muss jetzt etwas mit mir zu tun haben. Ok, ich sage dir jetzt, dass mich das stört." Und dann wäre es aber gut, sich zurückzuziehen und einmal zu schauen, was da wirklich los ist, was das mit mir zu tun hat. Das ist ja mein eigener Schmerz aus meiner Kindheit, wo zum Beispiel jemand, als ich ein kleines Kind war, gegangen ist, ohne mich darüber zu informieren. Mutter geht hinaus und ich weiß gar nicht, ob sie jemals wieder kommt. Da ist Schmerz da. Die lässt mich einfach da sitzen und sagt nichts. Das hat dich verletzt und jetzt kommt der Angriff und du meckerst ohne Ende. Und dann kommt der andere wahrscheinlich zurück und dann haben wir schon die Kacke am dampfen. Wir könnten aber auch sagen: „Das macht mich richtig wütend, dass du mich da allein lässt ohne mich zu informieren", was ja eigentlich lächerlich ist. Warum soll der jetzt nicht einfach gehen, warum soll der nicht einen Blick zurück werfen und sagen: „Ich komm gleich wieder." Der geht einfach. Und du hast einen Elektroschock bekommen. Und das ist der kleine Schock aus deiner Kindheit. Oft nimmt man dann den Vorwurf zurück, aber die Erfahrung ist besser, wenn du dir dessen bewusst wirst, dass dich das jetzt anzipft (*nervt*), aber richtig! Wenn das ausgedrückt ist, kann ich es zurücknehmen und schauen was da wirklich los ist. Dann komme ich vielleicht drauf, dass es der Schmerz meiner Kindheit ist, verlassen zu werden. Und das baut sich natürlich jetzt auf, wenn das unbewusst bleibt. Dann kommt da ein bisschen was aufs Konto und da ein bisschen was. Jeder gibt das aufs Konto, wenn er beleidigt ist, was er nicht sagt, denn schließlich bin ich ja schon spirituell unterwegs. Das darf mich ja gar nicht stören, aber es stört ihn ja trotzdem. Die Konten werden langsam voll und wenn die Konten voller werden, d.h.: „Du hast mir weh getan, du bist an mir vorbei gegangen usw., ist da eines Tages nichts mehr. „Du interessierst mich nicht mehr wirklich so wahnsinnig, ich habe so viele Verletzungen von dir bekommen, du bist so oft vorbeigegangen, du hast mich so oft allein gelassen." Man möchte ja in der Liebe baden. Aber dass die Liebe baden geht, ist ein Zeichen dafür, dass es nichts Erleuchtetes ist, aber dass es ein Weg dorthin ist. Doch der Weg kann so oder so sein. Wenn wir in die Richtung gehen: ich werde mir bewusst, ich schau mir das an, ich nehme das zurück, das ist meine Welt, einzig und allein meine Welt und ich hole mir jetzt meine Welt herein, das nennt man Integration. Ich hole mir meine Welt herein und ich werde größer und größer und größer, weil ich dich mit hinein nehme. Das ist in Richtung nach Hause. Das ist ein Zustand, wo man schon etwas begriffen hat. Und ihr wisst es ja selber. Vieles hat man begriffen, Vieles ist schon da und man weiß, so läuft das. Trotzdem holt einem manchmal etwas ein. Und dann sehen wir, hey Moment, stopp stopp, so läuft das, alles klar. So sehe ich das.

Ich bin ja ein Schüler Oshos. Ich war also viel bei Osho und Osho hat mich etwas ganz Wesentliches gelehrt oder ich hab einfach mitgekriegt, was er eigentlich meint. Für mich war Osho Lebendigkeit. Alles was ich in meinen Seminaren mache, geht in Richtung Lebendigkeit. Das ist Leben. Ich hab das ja mitverfolgt, wie es schwierig geworden ist auf der Ranch. Viele Sannyasins haben sich damals gewundert, dass Osho so angegriffen hat oder bestimmte Dinge nicht mitgekriegt hat und und und... Für mich war er einfach lebendig und er hat oft gesagt: „Das große Ganze will das so." Da hab ich mir gedacht: der ist aufgewacht und sagt so etwas? Aha, der hockt also auch in etwas drinnen, weil er viel viel größer ist, als einfach einmal zu checken, wie das hier läuft. Er hat oft viele Dinge aus Unüberlegtheit gesagt. Er hat nicht überlegt. Der hat sich sein Grab selbst geschaufelt. Wirklich wahr. Er hat Sachen gesagt, wo die Anwälte, die ich ja auch alle kenne, zu ihm gesagt haben: „Bitte sei still! Bitte lass uns das machen. Du kommst sonst niemals aus irgendeinem Gefängnis hier raus! Nie mehr! Du drehst dir einen Strick."

Er war einer, der immer die Wahrheit gesagt hat. Wenn ihm jemand nicht gepasst hat, hat er ihm das gesagt. Und wenn er in dem Land war, wo der Politiker her war, hat er den angegriffen, wenn er das gefühlt hat, wenn das für ihn so war. Und seine Worte kamen aus so einem Moment heraus. Der Mind, der sich dann einschaltet, sagt dann: „Das war aber jetzt nicht sehr gescheit." Er hat sich selber ans Messer geliefert damals in Oregon, weil er so böse, so wütend war.

Ich sehe das so, dass dort schon etwas Größeres wirkte. Das ist jetzt nicht aufgegangen. Es hat uns allen Leid getan, dass diese Stadt nicht entstanden, dass das kaputt gegangen ist. Trotzdem sehe ich etwas ganz Anderes. Ich sehe, dass Osho da ein kleines

Pflänzchen gesetzt hat. Das ist ein Pflänzchen, wo niemand noch wirklich sehen kann, was dieses kleine Pflänzchen wirklich ist. Jeder große Baum fängt mit einem kleinen Pflänzchen an und vielleicht wird das in ein paar hundert Jahren ein Mammutbaum, ein riesiger Baum, der vieles bestimmen wird, eine ganz andere Art, an das Leben heranzugehen.

Das war jetzt so und deshalb hat er es gesagt. Wenn er klug gewesen wäre, vom Kopf klug gewesen wäre, dann hätte er Verschiedenes nicht gesagt. Er hätte gesagt: „Kommt jetzt, wir wollen diese Stadt Rajneeshpuram erhalten. Wir sind jetzt daher gekommen und wir machen das." Nein, er war immer direttissima (*sehr direkt*).

Und das ist etwas, wo man dann schon schauen muss: Wie ist eine Beziehung, die schön ist, wo man den anderen achtet, wo man die Dinge zurücknimmt und was macht dann diese Lebendigkeit, diesen Pfeffer aus? Also ich sehe, dass man, wenn man den Anschluss hat, mehr Verantwortung hat. Aber du unterliegst noch etwas Größerem. Und ich habe mich gewundert, dass Menschen, die so gut miteinander waren, die sich so gut verstanden haben, die so klar miteinander waren, sich dann getrennt haben. Ich habe das nie verstanden. Wenn man eine erleuchtete Beziehung hat – ich sage immer Seins-Beziehung dazu – dann kann doch so etwas gar nicht passieren. Das ist doch Blödsinn! Wieso macht man denn so etwas? Das sind dann Dinge, wo man einfach spontan etwas tut, was gar keine Logik hat, wo man etwas unterstützt und etwas Anderes gar nicht unterstützt. Man weiß eigentlich gar nicht so vom Kopf her, warum man das so macht. Und ich fühle das so, dass da ein größeres Ganzes erstmalig wirken kann, dass wir ja als Menschen, die aus dem Unbewussten heraus agieren, weil ja jeder sein eigenes Ego hat, mit unserem eigenen Ego da herum machen. Wenn das Ganze immer integrierter und größer wird, dann weiß man nicht wirklich, was man da macht. Tatsächlich. Das heißt, da kann einmal sein, dass du sagst: „Das passt mir gar nicht!“ Und ich dachte: “Hey, was ist jetzt da los? Eigentlich müsste er das ja zurücknehmen. Wie kann er den jetzt anklagen! Und ich habe Osho genau beobachtet. Warum wird er so wütend? Warum hebt er jetzt seine Hand. „I raise my hand!“ Das hat mir imponiert. Wieso macht er das? Wenn er alles integriert hat, dann gibt es doch kein Drama. Es ist auch kein Drama. Es ist etwas Anderes. Man spricht auch vom "heiligen Zorn". Das heißt, in einer erleuchteten Beziehung ist nicht immer alles tralala und super und schön und weit. Wir müssen irgendwie mehr Zeichen setzen. Das muss raus... keine Ahnung. Wir wissen nicht, was da passiert.

Es ist nicht immer so. Wenn das Große Ganze durch uns wirkt, wenn du etwas tust, wo du logisch eigentlich keine Ahnung hast, warum du das jetzt machst, aber irgendwie treibt dich etwas, das zu tun. Vom Verstand ist es eigentlich nicht wirklich g'scheit, was ich da jetzt mache oder sage oder die Konsequenz, die ich ziehe. Ich kann aber nicht anders. Also, so ungefähr.

Lass mich das einmal so vergleichen: Du hast eine Baustelle und da greift ein Rädchen ins andere, alles muss gut funktionieren. Da ist aber einer dabei, der hat vergessen, den LKW zu bestellen. Jetzt ist kein Sand da. Die Leute können nicht betonieren, weil der Sand fehlt, alles steht. Jetzt hat der telefoniert, aber der Sand ist ganz woanders gelagert worden. Super!

Wenn du nun der Bauleiter bist, könntest du verrückt werden. Jetzt könnte man auch ein esoterischer Bauleiter sein und sagen: „Ich ärgere mich jetzt nicht, denn es ist ja meine Geschichte... usw.“
Oder er könnte sagen: „Pass einmal auf, komm einmal her. Das hat Konsequenzen.“ Er zählt ihm die Konsequenzen auf und ist vielleicht mit dem auch laut, weil der eigentlich nur diese Sprache versteht. Wenn er sagen würde „Halleluja und alles ist gut“, wird der Bau nicht funktionieren, weil der Arbeiter eine andere Sprache braucht.

Jetzt könnte der, der schon den Durchblick hat, mit dem so umgehen ohne dass er zornig ist. Der ist gar nicht zornig, der muss dem nur ein bissl Gas geben, damit der ein bissl bewusst wird, denn der schläft den ganzen Tag und macht die Augen nur auf, wenn man ihm einmal ein bissl lauter entgegen kommt. Und jetzt würde der das machen. Dann hätte das für die Ganzheit einen Sinn. Obwohl er jetzt nicht direkt involviert ist, er ärgert sich jetzt gar nicht und denkt, das muss ich nächstes Mal anders machen, sagt er: „Mein lieber Freund, die Baustelle steht jetzt deshalb. Du hast vergessen, du hast nicht aufgepasst, warst dir der Sache nicht bewusst, hast das nicht ernst genommen.“

Sonst kann er mit dem nicht mehr weiter arbeiten, sonst funktioniert die Baustelle nicht. Vielleicht funktioniert Vieles in diesem Universum nicht, wenn nicht jeder am richtigen Platz ist. Und ich würde sagen, dass Menschen, die aufwachen, auch Dinge tun, die man nicht so ganz richtig verstehen kann.

Es ist aber auch total schwer, eine Projektion davon zu unterscheiden. Spontan würde ich sagen, eine Projektion ist es dann, wenn du dich ein bisschen ärgerst dabei. Dann hat es irgendwas mit dir zu tun. Wenn du das aber wie auf einer Bühne spielen kannst und weißt, dass es ein Spiel ist und du gar nicht involviert bist, sondern du bist einfach ein guter Schauspieler, dann ist das etwas ganz Anderes. Und das ist nicht so leicht zu unterscheiden. Grundsätzlich ist es schon so, dass du Dinge zurücknehmen musst, die überall da draußen und nicht nur in einer Beziehung, auf dich zukommen. Wenn dir die Behörde immer Probleme macht, dann hast du irgendetwas damit zu tun. Da hast du eine Frequenz, die du aus dem Unbewussten ausstrahlst, was du nicht abgeholt hast. Das kann man schon so sehen. Man kann sehen, dass eine Beziehung oder überhaupt eine Beziehung zur Welt, damit zu tun hat, wie sehr du deine Konzepte siehst oder wie sehr du in deinem Kopf bist. Die andere Sache ist, dass es eine total lebendige Art und Weise ist, wenn die Welt deine Welt ist. Das ist meine Welt, das ist mein Ding hier. Und dann macht man irgendwas in dieser Welt... keine Ahnung. Es geht nicht nur um die Ratio da oben. Wenn alles immer in Harmonie läuft, dann läuft etwas schief. Das ist ja das Geheimnis. Das Leben taucht nur dann auf, wenn nach einer Nacht wieder die Sonne auftaucht, wenn du nach einem Schmerz wieder durchatmen kannst. Das ist das Leben. Der Mind kann das überhaupt nicht verstehen. Deshalb bin ich Osho so dankbar. Das ist das, was ich bei Osho herausgefunden habe. Was ist das Leben, was ist die Liebe? Wir glauben, Liebe ist, wenn alles gut geht. Nein! Liebe ist der Kontrast zwischen Albtraum, Trennung und Zusammenkommen. Permanent, ununterbrochen. Sonst hat das keinen Saft. Wenn alles in Harmonie ist, dann ist das ein Konzept und es wird baden gehen.

Jeder Buddha ist ein anderer. Der eine tanzt und drückt sich aus und der andere sitzt nur da und drückt sich damit aus und der dritte ist ein Gurdjieff (*ein Meister*) oder irgendeiner, der mit dem vollen Geschäft hineinfährt und drückt sich dadurch aus. Jeder drückt sich anders aus. Es wäre ja furchtbar, wenn 2 Menschen völlig gleich wären. Das geht nicht! Wir erfahren ja von dieser Ganzheit immer die Sicht, die wir gewählt haben. Du hast eine Sicht auf die Welt, du hast ein bestimmtes Schicksal... Du kommst von irgendwo her und das ist die Sicht, die du jetzt auf die Ganzheit hast. Und der andere hat eine andere Sicht auf die Ganzheit, aber die Ganzheit führt euch zusammen. Es werden trotzdem verschiedene Sichtweisen sein. Das muss so sein.

Das Erwachen beendet nicht die Individualität. Selbst die erleuchteten Meister reden verschiedene Dinge. Jeder wird so sein, was er glaubt. Und die Leute gehen halt dorthin, wo sie glauben, etwas zu kriegen. Das Universum ist so individuell, so verschieden. Alle Nuancen sind möglich. Jeder hat sich auf den Weg gemacht, um seine Nuance von Liebe und was immer zu erfahren. Das ist eben so. Und das Universum wartet auf deinen Bericht.

Und jeder wird es anders erzählen, wird über dieselbe Sache etwas Anderes erzählen. Für mich ist es eine Sache des Vertrauens, dass gar nichts passieren kann. Was soll passieren? Du bist das Universum. Es gibt niemanden da draußen, der gegen dich arbeitet. Es ist ja alles eins und es ergibt so eine Harmonie mit sich selber, eine Ausgeglichenheit, auch wenn es rund geht. Es ist ja nicht so, dass bei mir immer alles rund läuft. Aber es gibt da eine andere Art, wo jemand protestiert und sagt, er will nach Hause fahren und ein anderer sagt: „Ich sterbe dafür, was ich da gelernt haben."

Trotzdem ist da dahinter so eine Stille, so eine Ruhe. Es ist alles gut, alles gut, auch wenn es an der Oberfläche ein bisschen kratzt und tut und macht und ich sehe das nicht so, dass das jetzt weniger Bedeutung hat. Aber man muss schon sehen, dass man aus dieser Sache schon auch agieren kann, was machen kann. Du sagst irgendwas, du machst irgendwas, gehst irgendwas an und du weißt nicht, wie du es machen sollst, aber du weißt, dass du das machen musst, obwohl du nicht weißt, wohin dich das führt. Aber du weißt, dass das jetzt richtig ist, genau richtig!

Der Kopf kommt da manchmal gar nicht mit. Der versteht das nicht wirklich. Ich habe ja auch eine schöne Beziehung, eine viel kompliziertere, aber trotzdem weiß ich ganz tief drinnen, spüre ich, dass alles gut ist, so wie es ist. Manchmal sag ich ihr etwas, aber im Grunde genommen vertrau ich dem Ganzen. Manchmal kommt so ein Impuls, ich müsste etwas anders machen. Aber vielleicht ist der Impuls auch notwendig, damit das Ganze wieder etwas wacher wird. Ich bin sehr viel mit meinen Leuten unterwegs, um sie herausfinden zu lassen, was Wachheit ist oder was Lebendigkeit ist. Und dann ist ja das Leben so befriedigend, weil dieser Moment da ist. Was soll man da viel rummachen. Du bist ja Beziehung, du agierst mehr aus dem Ganzen heraus. Und wenn es sich einmischt, dann hat das irgendeine Funktion in Richtung Lebendigkeit. Sonst würdest du ja gar nicht da sein. Und es ist der Mind, der das dann nicht einordnen kann. Aber das spontane Handeln, das aus dem Selbst kommt, das ist die richtige Handlung. Aus, fertig, Schluss, Amen! Das ist eine Beziehung, die anders ist. Sie handelt aus dem Zentrum, sie handelt aus dem Selbst. Das Selbst ist ja mit der Ganzheit verbunden. Die Ganzheit ist ja noch viel, viel größer, als wir von hier aus glauben, verfügbar zu haben. So wie Osho das gesagt hat: „Das Ganze will das.“ Es hat mich immer sehr verwundert, dass er das gesagt hat. Er hat ja alles Mögliche gemacht. Und er hat das total richtig gemacht. Besser kann man es nicht machen. Er hat das alles in Frage gestellt... Da haben Menschen ihr Haus und Heim verlassen und sind zu ihm gegangen. Und er hat von heute auf morgen gesagt: "Aus, finished, fertig." Und sie haben gesagt: "Jetzt hast du uns hierher geholt" und er hat gesagt: "Niemand hat dich hierher geholt, du bist freiwillig gekommen und jetzt ist finished. Es ist dein Leben und du musst dafür sorgen. Ich habe keine Verantwortung dafür." Er hat sich nie verantwortlich gemacht, er hat einfach gehandelt und nicht überlegt, dass da 1.000 Sannyasins sind, die etwas geopfert haben, damit sie hierher kommen können und er das jetzt auflöst. Verantwortung für diese 1.000 Leute hatte er nicht. Er hat gehandelt und zwar richtig. Ich würde sagen, so leben wir und so machen wir die Seminare. Das ist auch ziemlich heiß für die Leute.

Zu sagen, was ich in meinen Seminaren mache, ist die schwierigste Frage, die man mir stellen kann. Es geht um Lebendigkeit und ich müsste jetzt erklären, was Lebendigkeit ist. Das kann ich aber einem Mind nicht erklären. Lebendigkeit erfährst du nur, wenn du dich in etwas Lebendiges hinein begibst. Sonst weißt du es ja nicht. Letztendlich musst du die Erfahrung machen.

Ich kann es nicht wirklich erklären. Was ich sagen kann, ist, was ein bisschen dabei heraus kommt. Wir haben so viele Leute hier, die alles im Kopf machen, die kein Gefühl haben, die sagen, ich würde so gerne etwas fühlen, aber eigentlich ist es mir egal, ob meine Frau zu Hause ist oder nicht. Und die Kinder auch. Ich kann nicht mehr weinen, ich kann nicht mehr lachen. Es ist alles so gemacht von mir, so produziert. Da kann man natürlich jetzt nicht die andere Seite lehren. „Wein jetzt einmal und sei nett zu deinen Kindern und zu deiner Frau auch. Du hast sie doch einmal geliebt." „Ja, ich habe sie einmal geliebt, aber jetzt hab ich eine andere, die ist mir lieber." Der kennt sich hinten und vorne nicht aus. Jetzt gehen wir das natürlich nicht mit „bitte sei nett und ändere dich und mach das und mach das“ an, sondern ich bringe ihn jetzt in Richtung Lebendigkeit. Das bedeutet, dass er sich bewusst wird. Ich heize ihn dort an und sage ihm: „Schau einmal, was du machst, drück das einmal aus. Drück einmal den Widerwillen, den Hass und die Wurschtigkeit aus, die du hast.“

Dann beginnt Energie in ihm zu fließen, d.h. dann kommt etwas ins Bewusstsein, wenn er damit ist. Und wenn etwas im Bewusstsein ist, brauchen wir nichts mehr zu machen. Bewusstsein ist so wie Licht, da kann sich die Dunkelheit nicht halten. Wenn einem die Dunkelheit bewusst wird, ist das Lebendigkeit.

Es ist wichtig, dass er nicht alles zurückhält und sich die Dinge nicht zu sagen traut. „Das bin ich ja gar nicht.“ Doch, du bist genau dieses Arschloch. Und jetzt zeig uns das einmal, drück das einmal aus. Jetzt drückt er das aus und es kommt ins Bewusstsein. Und in dem Moment, wenn das im Bewusstsein ist, braucht er gar nichts mehr zu machen. Der braucht gar nichts mehr tun. Und dann ändert er sich und dann kommen die Leute zu mir und sagen: „Mein Leben hat sich in den letzten 2 Jahren so verändert. Das glaubst du nicht. Das ist unglaublich. Ich erkenne mich kaum wieder auf den Fotos von früher. Das bin nicht mehr ich. Ich hab keine Ahnung wieso.

Dann sag ich: “Genau, ist gut“. Und dann kann er nicht sagen: “Weil ich am Seminar das aufgeschrieben habe.“ Bei mir darf man nichts aufschreiben. Es ändert sich nichts, weil du etwas aufgeschrieben hast. Nein, es hat sich geändert, weil dir etwas bewusst geworden ist, weil du lebendig geworden bist. Lebendigkeit hat mit Bewusstsein zu tun. Wenn aus dem Unterbewusstsein etwas hochkommt, dann kann sich das im Licht der Bewusstheit nicht halten. Das ist nicht möglich. Du wirst dann sehen, dass es einfach nicht mehr ist. Lass uns das machen. Das passiert völlig von selber. Das dem Mind zu erklären, was ich mache und was dann passiert, geht nicht.

Wenn jemand in Troubles ist, muss er das Risiko eingehen und dann kommt er hierher. Wenn er dann da ist, kann ich mit ihm etwas machen. Und es kommt auch dabei etwas Unglaubliches heraus. Ganz sicher! Ich hole seine Wahrheit heraus, das, was er ist. Ich spüre seine Energie und wenn seine Energie anders ist, als das, was er erzählt, zum Beispiel er wäre so lebendig und er macht dies und jenes, dann sag ich ihm, dass er mir nicht die Wahrheit sagt und frage ihn, was mit ihm wirklich los ist. „Du musst es nicht sagen, aber du kannst es sagen. Komm, probier es einmal." Und dann kommt er heraus damit und es kommt ins Bewusstsein und Energie kann fließen. Und wenn Energie fließt, dann ist jemand lebendig. Lebendigkeit ist Richtung Bewusstsein. Tot sein heißt im Kopf sein, überlegen, einen Status Quo aufrecht erhalten, schauen, dass nicht irgend etwas passiert, Sicherheit. Das ist die Birne! Das ist nicht lebendig.

Daher ist eine erwachte Beziehung lebendig, das ist der Moment, der jetzt gerade ist. Ich schau aufs Meer und da kommt eine Tiefe und der Schiss vor diesem Meer. Und dann fließen die Tränen und das Gefühl von Ganzheit ist da! Wow! Und das muss gefühlt werden können.

DINGE ZUZULASSEN IST LEBENDIG,

SIE NICHT ZUZULASSEN, IST TOT.

NUR DIE WEISHEIT
MACHT DIE LIEBE ZUR LIEBE
UND NUR DIE LIEBE
MACHT DIE WEISHEIT
ZUR WEISHEIT!

YOD

Widmung und Danksagung

Dieses Buch widme ich
meinen beiden Frauen
Asha und Marie-Luise,
die mich seit fast dreißig Jahren
begleiten und meiner Tochter May.

Diese drei sind meine Motivation
und gleichzeitig der Beweis,
dass es funktioniert.

Danke unserem Team und
meiner ganz besonderen kleinen Familie
für die stete Arbeit im Verborgenen.

Yod

Das Seminar zum Buch

THE MASTER-KEY

Du bist erfolgreich! Du hast dafür hart gearbeitet, um mehr als durchschnittlich zu sein. Du weißt, wie du es anstellen musst.

Vielleicht gehörst du zu den wenigen Glücklichen, die das Know-How auch für ihre Partnerschaft haben, dann gratuliere ich dir.

Die meisten allerdings verstehen nicht, wieso sie so etwas „Banales" wie eine Partnerschaft mit allen Tricks und Bemühungen nicht auf die Reihe kriegen.

Lass dir zeigen, wie Beziehungen 100%ig funktionieren.

Dabei brauchst du weder Zugeständnisse noch Kompromisse zu machen. Du brauchst dich nicht verleugnen, sondern du brauchst nur zu begreifen, wie eine Beziehung auf jeden Fall misslingen muss, vielleicht noch nicht heute, aber morgen.

Vier äußerst interessante Seminar-Tage, die etwas in deinem Leben verändern werden.

Also warte nicht länger und lasse deine Beziehung wieder aufleben und begegne deinem Partner oder Partnerin auf einer tiefen und verständnisvolleren Ebene.

Dauer: 4,5 Tage

Weitere Seminare mit Yod Udo Kolitscher

DER NEUE MENSCH

Immer wieder einmal im Leben wird einem bewusst, dass Dinge und Ereignisse sich wiederholen. Meist weiß man nicht woher das kommt und daher auch nicht, wie man das abstellen kann. Es kommt einem vor, als wie wenn etwas, was nicht unter unserer Kontrolle ist, sich immer wieder durchsetzt.

Es gibt einen kleinen bewussten Teil und einen großen unbewussten Teil in uns. Dieser große Teil ist wie der Teil des Eisberges, der unter Wasser liegt. Träge, fett, unbeweglich.

Dies ist das Drehbuch. Dieses bestimmt unser Leben. Es entsteht in den ersten fünf Jahren. Da wird es von dir aufgezeichnet, gnadenlos, lückenlos. Alles was in dieser Zeit passiert.

Wie Mutter und Vater miteinander umgehen, ob Vater dich im Arm hält oder nicht, ob du geschlagen wirst, ob du gezwungen wirst, ob bei dir zuhause alles schöngeredet wird, ob du allein gelassen wirst, wie man sich um dich kümmert ... usw.

Finde deine eigene Stärke, deine speziellen Qualitäten, deine Lebensenergie wieder.

Werde du selbst!
Finde heraus, wer du wirklich bist,
was du magst, was dir Freude macht...
Wirf ab, was dir aufgebürdet wurde, was nicht zu dir gehört.

18 Tage Abenteuer, intensiv, aufregend, spannend.

BIOTIVERSITY

Ein achtwöchiger Transformationsprozess. Ein "MUSS" für dein persönliches Wachstum.

Wissen nützt hier wenig - du musst das Falsche erfahren, damit du das Richtige erkennen kannst.

Denn wenn du wissen willst, wer du bist, musst du zuerst erfahren, wer du nicht bist. Du kannst nur das loslassen was dir bewusst ist, das andere bleibt unbewusst in dir und bestimmt deine Gedanken, Emotionen und Handlungen.

Durch die Beschäftigung mit Verhaltensweisen, dem Falschen Zentrum und dem Falschen Selbst, mag der Eindruck entstehen, dass diese Dinge tatsächlich existieren. Dies ist nicht der Fall. Aber nur durch die Auseinandersetzung mit ihnen können wir sie als Illusion erkennen. Denn nur was du kennst, kannst du fallen lassen.

Mit großer Wahrscheinlichkeit das Wichtigste, das du je in deinem Leben gemacht hast, um ein persönliches Wachstum zu erzielen.

Das, was die "Biotiversity" so erfolgreich macht, ist die Einbeziehung grandioser Techniken mit dem Ziel zu erkennen, dass alles aus derselben Substanz besteht.

Das ist Freiheit.

Dauer: 8 Wochen über 2 Kalenderjahre

DIE LIEBE IST EIN SELTSAMES SPIEL

Der Weg in die Einheitsbeziehung.

Eine Einheitsbeziehung würde alles vereinfachen.

Kein Streit, keine Beschuldigungen, keine Abhängigkeit, Freiheit.

Doch wie geht das?

Hier geht es um den Focus. Wo geht es wirklich hin? Was sind die Schritte zur Einheitsbeziehung? Der Zweck einer Partnerschaft ist, die Bindung aufzulösen, den Anderen frei zu geben. Jeder hat den idealen Partner, den er anhand seiner Konzepte in sein Leben gerufen hat. Die Frage ist, wer bin ich und nicht, wer ist der Andere. Solange du etwas vom Anderen brauchst, kannst du nicht in die Einheit gehen.

Dauer: 6,5 Tage

SICH SELBST NICHT IM WEGE STEHEN

Die Yod–Methode Nr. 7

Integration ist das Zauberwort.

Wenn die Vereinigung von linker und rechter Gehirnhälfte gelingt, entsteht ein ungeheures Potential an Lebensenergie. Die verpufft dann nicht mehr im ewigen Kampf, sondern steht zur Verfügung. Für alles, was wir wollen.

Unsere Ziele, die bisher nicht verwirklicht werden konnten, werden plötzlich spielend Wirklichkeit.

Minderwertigkeit und Schuldgefühle werden als Kampfmittel benutzt. Se existieren in Wahrheit gar nicht. Und somit verschwinden sie. Und das Schönste an der Sache: ein ungeheures Potential entfaltet sich... das Potential, die Welt als Einheit zu erkennen.

Es geht dabei um die Synchronschaltung der beiden Gehirnhälften. Nicht mit Geräten oder Tönen, sondern durch Verstehen. Lass dich überraschen. Es ist unglaublich, was dann alles möglich wird.

Dauer: 4,5 Tage

SICH SELBST LIEBEN

Erst dann kann sich etwas in deiner Ausstrahlung verändern.

Meistens bewertest du dich ... für deine Unzulänglichkeit ... für das Leben, das du führst ... und für die Fehler, die du machst.

Heute ist es schwer bis unmöglich, dich selbst in den Arm zu nehmen, dich selbst zu lieben.

Aber du kannst es wieder lernen. Jetzt.

Nichts ist verloren. Du kannst immer noch alles gewinnen.

Hast du erst mal begriffen, wie du dir die Liebe selbst geben kannst, dann wird sich etwas in deiner Ausstrahlung verändern.

- Du wirst eine andere Frequenz aussenden ...
- Es kommen plötzlich Andere auf dich zu ...
- Sind begeistert von dir ...
- Du hast das gewisse „Etwas".

Und das Wichtigste:

Deine Motivation, Dinge zu unternehmen, wird nicht mehr aus dem Mangel entstehen, sondern aus dem Überfließen von Energie.

Diese überfließende Energie ist „Freude" ohne Bedingungen, einfach Lebensfreude.

Dauer: 4,5 Tage

SATSANG

Ein JA, zu dem was ist...

Satsang ist keine Therapie, kein Seminar, keine Session, sondern das Erleben und Verstehen, dass das ICH, für das du dich immer gehalten hast, Illusion ist... Und dass der Spiegel, in dem du dich zu erkennen glaubst, immer schon leer war...

Der Verstand, unser Mind, sträubt sich gegen diese Erkenntnis. Er verteidigt seine bekannte und vertraute Welt und lässt nur Erklärungen zu, die ihm ins Konzept passen.

Im Satsang schafft Yod durch seine Präsenz die Voraussetzung und Möglichkeit, dass der Verstand seine "Haltegriffe" verlieren kann. In einem solchen Moment der Leere erlebt der "Suchende" selbst die Glückseligkeit des Eins-Seins mit der Existenz.

Ein derartiger Augenblick der Gnade verändert alles.

Erkenne, was hier und jetzt - jenseits von Raum und Zeit - unberührt vom Verstand ewig existiert.

Dauer: 1,5 Tage

ONLINE SEMINARE

HYPNOSE BEENDEN UND DIE WIRKLICHKEI ERFAHREN

Du kannst dein Leben auf zwei Arten leben. Entweder du bist im Hier und Jetzt, also in der Gegenwart oder du bist in deinem Denken bzw. in der Vergangenheit. Diese zwei Möglichkeiten hat jeder. Doch meist ist es so, dass wir uns in der Vergangenheit und somit in der Wiederholung der alten Geschichte befinden. Das heißt, du bist in der Hypnose und nicht in diesem Moment. Du bist hypnotisiert von etwas, was du als Kind erfahren hast.

Was ist das Problem dabei?

Das Problem dabei ist, dass wir meist in einem hypnotischen Dämmerzustand leben und uns dadurch die alten Erfahrungen aus der Kindheit immer wieder in unser jetziges Leben holen. Wir erleben diesen 3D-Film immer wieder neu, als wäre er real. Das Dumme ist nur, dass das automatisch passiert, denn das Unterbewusstsein wiederholt nur das, was es gelernt hat.

In diesem Online-Seminar bringen wir Bewusstsein in das Spiel! Bist du bereit dafür?

https://www.biotic-institute.com/tour/hypnose-beenden-online/

ES KOMMT AUF JEDES STREICHOLZ AN, WENN DU DEN RAUM ERHELLEN MÖCHTEST

Über die Wirklichkeit kann eigentlich nichts gesagt werden und doch haben alle Meister dieser Erde schon Millionen von Worten gesprochen.

In diesem Online-Seminar Yod wird auf verständliche Weise nahegebracht, wie wir die Illusion, in der wir alle leben, erkennen und erfahren können. Dadurch taucht die Wirklichkeit auf.

Die Übungen dazu sind so gut verständlich, sodass man sie auch im täglichen Leben anwenden kann.

Wir leben in einer Zeit des Aufbruchs und je mehr Menschen bereit sind und den Mut haben, alles zu hinterfragen, was sie jemals gehört, erfahren, gelesen und für Tatsachen gehalten haben, desto eher wird Liebe und Freude auf diesem Planeten unser „tägliches Brot" sein.

Fühl dich eingeladen, ein Teil davon zu sein!

https://www.biotic-institute.com/tour/es-kommt-auf-jedes-streichholz-an/

Weiterführende Informationen

YouTube: https://www.youtube.com/user/Biotic09

Facebook: https://www.facebook.com/yodudokolitscher

Instagramm: https://www.instagram.com/yod.udo.kolitscher/

Seminarzentrum:

Biotic Institute Seminarzentrum
und Gesundheitsprodukte GmbH
Modlisch 7-8
A – 3900 Schwarzenau

Tel: 0043 (0)2849 5000
Web: www.biotic-insitute.com
Email: info@biotic-institute.com

Bildquellenangabe

Bilder unter Lizenz von Shutterstock.com, iStock.com und stock.adobe.com verwendet.

fizkes/Shutterstock.com

barrirret/Shutterstock.com

Surkov Vladimir/Shutterstock.com

Mariaposa/Shutterstock.com

Niels Hariot/Shutterstock.com

JAGGUS/Shutterstock.com

Rachaphak/Shutterstock.com

vovan/Shutterstock.com

kupicoo/istockphoto.com

Daxiao Productions/stock.adobe.com

treenabeena/stock.adobe.com

Mangojuicy/stock.adobe.com

haoka/stock.adobe.com